# 英語の語源

角川文庫
21130

目次

| | | |
|---|---|---:|
| 1 | 「手」がかりはラテン語 | 7 |
| 2 | 足 | 10 |
| 3 | 頭 | 12 |
| 4 | 舌 | 14 |
| 5 | 「エコロジー」はギリシャ語から | 16 |
| 6 | 何を「愛する」か? | 19 |
| 7 | super (上の) | 21 |
| 8 | プラトンの「飲み会」!? | 23 |
| 9 | sub (下の) | 25 |
| 10 | ローマの休日 | 27 |
| 11 | 「大地」(terra) をさらに応用すると | 29 |
| 12 | 間氷期 | 31 |
| 13 | am pm | 33 |
| 14 | 死後 | 35 |
| 15 | アンチ巨人 | 37 |
| 16 | バイオ | 39 |
| 17 | uni-、bi-、multi- | 41 |
| 18 | ペンタゴン | 43 |
| 19 | 物騒な言葉 | 45 |
| 20 | 平和 | 47 |
| 21 | 春分と秋分 | 49 |
| 22 | Boys, be ambitious!の原義とは | 51 |
| 23 | アクアラング | 53 |
| 24 | ビデオとオーディオ | 55 |
| 25 | ユビキタス | 57 |
| 26 | 水平思考 | 60 |
| 27 | アニメ | 63 |

| 28 | 「ミクロの世界」 | 65 |
|---|---|---|
| 29 | ステレオ | 67 |
| 30 | マニフェスト | 69 |
| 31 | 東洋 | 71 |
| 32 | 西洋 | 73 |
| 33 | -i = go | 75 |
| 34 | 「第九」 | 77 |
| 35 | 超音速機 | 79 |
| 36 | リベラル | 81 |
| 37 | B.C.／A.D. | 83 |
| 38 | 2つのhomo | 85 |
| 39 | ジャーナリズム | 87 |
| 40 | 独裁者 | 89 |
| 41 | カメラの歴史 | 91 |
| 42 | アイデンティティ | 93 |
| 43 | アラビア語＋ラテン語＝艦隊司令官（admiral） | 95 |
| 44 | ユートピア | 97 |
| 45 | 都市と田舎 | 99 |
| 46 | doubtの「b」 | 101 |
| 47 | アメニティ | 103 |
| 48 | レトロ | 105 |
| 49 | 似て非なるsol- | 107 |
| 50 | クリスマス・キャロル『ノエル』 | 109 |
| 51 | カーナビ | 111 |
| 52 | 本の中の本『聖書』 | 114 |
| 53 | 外交 | 116 |
| 54 | コンプライアンス | 118 |
| 55 | ガバナンス | 120 |
| 56 | アカウンタビリティ | 122 |
| 57 | コンビニ | 124 |

| 58 | ローマ法王選出会議 | 126 |
| 59 | 「旧石器時代」から「半導体集積回路」時代へ | 128 |
| 60 | 共和国 | 130 |
| 61 | ボーカル | 132 |
| 62 | エキゾチック | 134 |
| 63 | 「父」なるもの | 136 |
| 64 | ザ・憲法 | 139 |
| 65 | エスプレッソ・コーヒー | 142 |
| 66 | トレーニング | 144 |
| 67 | ヴァカンス | 146 |
| 68 | パラダイム | 148 |
| 69 | アドレス | 150 |
| 70 | トイレ | 152 |
| 71 | GDP | 154 |
| 72 | ダイエット | 156 |
| 73 | パーラー | 158 |
| 74 | インフラ | 160 |
| 75 | イノベーション | 162 |
| 76 | ホワイトカラー・エグゼンプション | 164 |
| 77 | 「楽観主義者」と「悲観主義者」 | 166 |
| 78 | 「火」の神様アグニ | 168 |
| 79 | 原理主義 | 170 |
| 80 | シンコペーション | 172 |
| 81 | glocalize | 174 |
| 82 | タクシー | 176 |
| 83 | トンネル | 178 |
| 84 | 水 | 180 |
| 85 | ビンテージ | 182 |
| 86 | 「デジタル」と「アナログ」 | 184 |
| 87 | Singapore is a fine country. | 186 |

| 88 | モータリゼーション | 188 |
|---|---|---|
| 89 | ハーブ | 190 |
| 90 | ポスト | 192 |
| 91 | キャリア | 194 |
| 92 | ボール | 196 |
| 93 | メタボリック・シンドローム | 198 |
| 94 | モデレーター | 200 |
| 95 | ATM | 202 |
| 96 | サイクロン | 204 |
| 97 | 「キューポラのある街」 | 206 |
| 98 | シナジー | 208 |
| 99 | ジーンズ | 210 |
| 100 | O.K. | 212 |
| 101 | テナント | 214 |
| 102 | 国連安全保障理事会 | 216 |
| 103 | インフルエンザ | 218 |
| 104 | パンデミック | 220 |
| 105 | トリアージュ | 222 |
| 106 | SOS | 224 |
| 107 | 春 | 226 |
| 108 | レトルト(列篤爾多)食品 | 228 |
| 109 | 同音異義語「スケール」の由来 | 230 |
| 110 | "サクラ"は3モーラ | 232 |
| 111 | メンテナンス | 234 |
| 112 | テスト | 236 |
| 113 | プール | 238 |

英語の歴史——ハイブリッドから世界共通語へ(長谷川信子)  241
文庫版あとがき(永井浩)  250

# 1 「手」がかりはラテン語

「記憶術」という言葉を聞いたことがありますか。昔の
ギリシャ人は、人間の記憶の仕組みを明らかにして、こ
れを想起作用、つまりものごとを思い起こす作用をより
早くかつ容易に行なわせることに応用しようとしました。
英語の単語を覚えるにはどうすればいいのでしょうか。
「必修英単語 3000 語」などという本を 1 頁から abacus,
abandon, abase などと始めたものの、途中で投げ出した
経験は誰にでもあるでしょう。これは、たがいにまった
く関係のない単語をむりやり頭に入れようとしたからで、
それでは電話帳を最初から暗記しようとする無謀さとあ
まり変わりはありません。

　ギリシャ人は、あらかじめ脳の中に、いくつかの知悉
した場所を設定しておき、記憶しようとするものをそこ
に入れれば、その場所との関連を手がかりとして、たや
すくこれを思い出すことができると考えたのです。この
術を、たとえば英単語の記憶に応用するとどうなるでし
ょうか。

　manus という単語は「手」だと覚えてください。そ
れに -al をつけたのが manual だと知れば、それが「手

「手」がかりはラテン語　7

引き」つまり「入門書」や「マニュアル」を意味する語だということが自然と頭に入りませんか？

　もう1つ。manuscript という単語は一見難しく見えます。しかしこれも manu- がついているのですから、なにか「手」に関係しているように見えます。そのとおりで、script が「書かれたもの」であることを知ると、「手で」「書かれたもの」つまり「手写本」を意味する言葉だということが自然と頭に入るはずです。

　ついでのことながら「世界史」でおなじみの「マニュファクチャー」manufacture は「［工場制］手工業」を意味する言葉ですが、これもまた manu- つまり「手」と fact- つまり「作られる」からできていると覚えましょう。

　このように、新しい単語に出会ったら、それがどんな語源から出た言葉なのかを辞書にあたって考える癖をつけると、その効用は絶大です。これは記憶術の1つの秘訣です。

　ところで manus は何語ですかって？　これはローマ帝国の言葉、ラテン語です。英語にはこのようにラテン語から作られた言葉がたくさんあるのです。

●語源
manu←manus 〈ラテン語〉 手
script 〈ラテン語〉 書かれたもの
fact 〈ラテン語〉 作られる

●単語
manual　手引き、マニュアル
manuscript　手写本
manufacture　工場制手工業

# 2 足

　前回は「手」の話でした。今回は「足」の話をしましょう。「手」はラテン語で manus でしたね。「足」はpes ですが、近代語に入るときは ped- の形をとります。そこでこれに -al をつけた pedal はおなじみの自転車についている「足踏み器」つまり「ペダル」となります。

　足が 100 本もついているように見える「むかで」はcentipede と言いますが、前についた cent- が「100」を意味します。それは 100 年を century ということからも想像できるでしょう。ついでのことながら「100 周年記念行事」は a centenary celebration と言います。

　tri- は「3」。そうすると tripedal が「3 本足」であることはすぐに見当がつくでしょう。

　横断歩道を pedestrian crossing と言いますが、pedestrian は「足で歩く人」つまり「歩行者」のことです。東南アジアなどではよく見かける 3 輪の人力タクシーを欧米人が pedicab と呼ぶのも同じ理由によります。これは「足でこぐタクシー」の意。

　若い女性が足の爪におしゃれをするのは pedicure ですが、これは「ペディキュア」として日本語に入りまし

たね。とすると手の爪のおしゃれが前回の知識を利用して manicure となることは説明の必要はないでしょう。

　語源などというと、つい難しく考えがちですが、このように覚えた1つの単語をもとに、次々と知識が広がっていくのは楽しいものです。

---

●語源
ped（pes）〈ラテン語〉　足
cent〈ラテン語〉　100
tri〈ラテン語〉　3

●単語
pedal　ペダル
centipede　むかで
century　100年
a centenary celebration　100周年記念行事
tripedal　3本足
pedestrian　歩行者
pedestrian crossing　横断歩道
pedicab　3輪の人力タクシー
pedicure　ペディキュア
manicure　マニキュア

---

足　11

# 3 頭

「手」と「足」の話をしたついでに「頭」の話をしましょう。首都を英語で capital と言うことは知っていますね。首位、首席、首脳、元首などの用例からわかるように、「首」は「頭」を意味します。英語も同じで、capital の capit- もラテン語で「頭」の意味です。そうすると capital letter は「頭文字」つまり「大文字」のこと。「大文字で書く」のは capitalize となります。

昔、「人頭税」という税金がありました。英語では capitation tax。1人1人に対してかける、つまり「頭数」に対してかける税金のことです。

経済学で capital といえば「資本」のこと。「元手」と考えれば納得がいくでしょう。capitalist は「資本家」、capitalism は「資本主義」となります。

経済といえば per capita income という言葉を見たことがありませんか。これはラテン語をそのまま使った表現で、「人口1人あたりの所得」を意味します。「100 あたりの比率」つまり「百分率」を percent と言うでしょう？　per は「…あたりの」、cent は 100 です。century が 100 年つまり1世紀であることはみんな知っていますよね。

●語源
capit 〈ラテン語〉 頭
per 〈ラテン語〉 …あたりの
cent 〈ラテン語〉 100

●単語
capital 首都、資本
capital letter 大文字
capitalize 大文字で書く
capitation tax 人頭税
capitalist 資本家
capitalism 資本主義
per capita income 人口1人あたりの所得
percent 百分率
century 100年、1世紀

頭 13

# 4 舌

tongue が「舌」であることは知っていますね。tongue のもう1つの意味は「言語」です。生まれ育った国の言葉は mother tongue「母語」でしたね。

ラテン語では「舌」は lingua ですが、これにも「言語」という意味があります。lingua franca は英語になりましたが、多民族の間で広く使われる「共通語」を意味します。

lingua を形容詞にすると linguistic。linguistic studies は言語研究、学問の名前としては linguistics「言語学」となります。linguist は「言語学者」ですが、「いくつもの言語に通じた語学の得意な人」の意味もあります。He is a good linguist. といっても必ずしも「言語学者」を意味しません。

2ヵ国語を自由にあやつれる「バイリンガル」は日本語になってしまいましたね。「バイリン」は正確にはbilingual。2ヵ国語どころか3ヵ国語も自由だという人がいたら、その人は trilingual です。

tri- は「3」。「三角形」は triangle でしたね。チンチンという音を出す「トライアングル」ももとをただせばた

14

だの「三角形」でした。

---

●語源
tongue 〈古代英語〉 舌、言語
lingua 〈ラテン語〉 舌、言語
bi 〈ラテン語〉 2
tri 〈ラテン語〉 3

●単語
tongue 言語
mother tongue 母語
lingua franca 共通語
linguistic 言語の
linguistic studies 言語研究
linguistics 言語学
linguist 言語学者、いくつもの言語に通じた語学の得意な人
bilingual 2ヵ国語を自由にあやつれる人
trilingual 3ヵ国語を自由にあやつれる人
triangle 三角形、トライアングル

---

舌　15

# 5 「エコロジー」はギリシャ語から

　今回はちょっと趣向を変えて、ラテン語同様、英語にたくさん取り入れられたギリシャ語について考えてみましょう。「ギリシャ語、なんでそんな面倒な！」なんて言わないでください。意外や意外、われわれが毎日のように見聞きしている言葉の中にも、かなりの数のギリシャ語が入っていますよ。

　いまや完全に日本語になってしまった「エコロジー」ecology がそうです。「エコ」eco はギリシャ語の oikos で、原義は「家」。「環境」という意味もあります。

　「ロジー」logy も同じくギリシャ語の logia から出た言葉で、biology（生物学）、geology（地質学）など、「学問」を表す言葉ですから、ecology とは「生物をその生活環境（oikos）との関係で研究する学問（＝生態学）」となります。現在では一般の用語として「調和のとれた環境」の意味で使われるようになりました。

　公害などの影響でその劣化が怖れられているのは ecosystem で、これは「生態系」と訳されています。ecopolicy といえば環境の劣化を防ぐための政策、つまり「環境対策」となります。

ついでに「エコノミー」economy はどうでしょうか。もともとは「家政を無駄なく取り仕切る」という意味でしたが、それが広く「経済」を意味するようになりました。それを研究する学問が economics であることは知っていますね。

　統計や数学を用いて経済理論の立証、経済問題の解明を行なう研究をする学問（計量経済学）は econometrics。metrica はこれもギリシャ語で「計る」を意味する metreo から派生した言葉です。

　ちなみに「ノミー」は nomia からの転用で、「慣行」「法」「制度」などを意味する言葉です。近代語では astronomy「天文学」などのように、「何々学」の「学」として使われています。

●語源

eco←oikos 〈ギリシャ語〉 家、環境
logy←logia 〈ギリシャ語〉 学問
metrica←metreo 〈ギリシャ語〉 計る
nomy←nomia 〈ギリシャ語〉 慣行、法、制度

●単語

ecology　生態学、調和のとれた環境
biology　生物学
geology　地質学
ecosystem　生態系
ecopolicy　環境対策
economy　経済
economics　経済学
econometrics　計量経済学
astronomy　天文学

# 6 何を「愛する」か?

　ギリシャ語の話を続けましょう。哲学が「フィロソフィ」philosophy であることは知っていますね。これは「愛」を意味する philo- に「智」sophia をつけてできた言葉です。

　「フィルハーモニー」は日本語になっていますが、もともとは「音楽を愛する人々の集まり」の意味ですね。「ハーモニー」harmony はもともと「調和」を意味するギリシャ語でした。

　philology は logos「言葉」を philo「愛する」ことですから「文献学」、昔は「言語学」を意味していました。

　philanthropy という言葉を見たことがありますか? 「赤十字」などのように博愛精神に訴える事業をする団体の意味ですが、「助成財団」の意味で使われることもあります。これは philo + anthropos から成り立っていますが、anthropos とは「人間」のことです。

　だから人間(の文化・社会)を研究する学問、つまり「人類学」は anthropology となります。anthropology には「人間学」という意味もありますが、現在では「人類学」のほうがよく使われます。

何を「愛する」か?　19

ついでのことながら anthropid は「人間に似た」と
いう意味ですから「類人猿」となります。

---

●語源
philo〈ギリシャ語〉　愛
logy←logia〈ギリシャ語〉　学問
logos〈ギリシャ語〉　言葉
anthropos〈ギリシャ語〉　人間

●単語
philosophy　哲学
harmony　調和
anthropology　人類学
anthropoid　類人猿
philanthropy　博愛精神に訴える事業をする団体、助成財団
philology　文献学、言語学

---

# 7 super（上の）

スーパーは日本語の日常用語になってしまいました。もともとは supermarket であることは言うまでもないでしょう。

super は「…の上に」を意味するラテン語の前置詞です。だから superman は「超人」、建築用語の「上部構造」は superstructure となります。

論文の指導教員を supervisor と言いますが、これは supervise の派生語です。本来的な英語で言い換えれば oversee。上から全体を見通して監督することです。

ところで supervise の -vise ですが、これはラテン語の原形は videre で「見る」という動詞です。1人称単数現在形の video は、ビデオという日本語になってしまいましたね。

revise は「re- もう一度」見る、つまり「見直す」「訂正する」「改訂する」という意味になります。名詞では revision。

television は、「tele- 遠くを」「見るもの」だから。もっとも tele- はラテン語ではなくギリシャ語です。

ついでながら「電話」の telephone の phone もギリシ

super（上の）　21

ャ語。「音」の意味です。英語で phony となれば「シンフォニー」symphony の phony を思い出すでしょう。シンはギリシャ語の syn で、次に p, b, m などのような両唇を閉じる音が来ると、それに引かれて sym- となります。ちなみに syn を英語になおせば with ですから、シンフォニーの語源は想像がつきますね。

---

●語源

super〈ラテン語〉 …の上に
vise←videre〈ラテン語〉 見る
re〈ラテン語〉 もう一度
tele〈ギリシャ語〉 遠くを
phone〈ギリシャ語〉 音
syn (sym)〈ギリシャ語〉 共に

●単語

supermarket　スーパーマーケット
superman　超人
superstructure　上部構造
supervisor　論文の指導教員
supervise　上から全体を見通して監督する
oversee　上から全体を見通して監督する
video　ビデオ
revise　見直す、訂正する、改訂する
revision　見直すこと、訂正、改訂
symphony　交響曲、交響楽団

---

# 8 プラトンの「飲み会」⁉

　シンフォニーについては前回お話ししました。シンは
ギリシャ語 with を意味する syn でしたね。この前綴り
をつけた言葉が英語の中にたくさんあります。

「シンパシー」sympathy も日本語の一部になりました。
sym + pathos が語源で、pathos はもともと「なにか身
に降りかかってくるもの、事件、事故」などという悪い
意味を持った言葉でしたが、転じて「感情、パッショ
ン」となりました。それを syn「共にする」のですから、
「同情」とか「共感」となります。前回も述べましたが、
syn は次に p, b, m などのような両唇を閉じる音が来る
と、それに引かれて sym- となることに注意しましょう。

　これも日本語に入った「シンポジウム」symposium
はどうでしょうか。ギリシャの哲学者プラトンの作品の
1つに『シンポジウム』という対話編がありますが、日
本語では『饗宴編』と訳されています。なぜでしょう
か？　posis は「飲むこと」で、要するに「飲み会」⁉
で、親しい雰囲気の中で議論すること、それがシンポジ
ウムのもともとの意味です。「バイオ」ももはや日本語
ですが、これもギリシャ語で「生命」を表す bios から

プラトンの「飲み会」⁉　23

来ています。そこでこれに syn をつけた symbiosis は近ごろよく言われる「共生」のことです。

●語源

syn（sym）〈ギリシャ語〉　共に

pathos〈ギリシャ語〉　なにか身に降りかかってくるもの、事件、事故、感情、パッション

posis〈ギリシャ語〉　飲むこと

bios〈ギリシャ語〉　生命

●単語

sympathy　同情、共感

symposium　シンポジウム

symbiosis　共生

# 9　sub（下の）

　super（上の）を勉強しましたから〔→ 7 super（上の）〕、その反対の sub（下の）を覚えてください。この言葉は日本語になりましたね。「控えの選手」つまり「補欠選手」のことを「サブ」と言うでしょう。「サブタイトル」subtitle は「副題」ということもこれから想像がつきますね。

　「海」は mare ですから「海中をもぐって航行する船」つまり「潜水艦」が submarine となることはすぐに想像できませんか？　divide は「分ける」ですから、それをさらに細かく分けるのは subdivide となります。「下請け」は subcontract。subcommittee といえば「分科会、小委員会」のことです。

　subterranean などというといかにも難しそうですが、こういうときは慌てずに考えましょう。まず sub-terra-nean と分けると、最後の -nean は -neous などと同じ形容詞をつくる語尾ですから、残りは terra となります。これは「大地」を意味しますから、全体では「地下にある」を意味する形容詞となります。

　ついでに英語に入ったラテン語の terra incognita を覚

sub（下の）　25

えましょう。これは「未知の国」という意味です。
incognita については、次回にお話ししましょう。

---

●語源
sub〈ラテン語〉…の下に
mare〈ラテン語〉海
terra〈ラテン語〉大地

●単語
subtitle　副題
submarine　潜水艦
divide　分ける
subdivide　細かく分ける
subcontract　下請け
subcommittee　分科会、小委員会
subterranean　地下にある
terra incognita　未知の国

---

# 10 ローマの休日

前回の宿題がありました。terra incognita の incognita でしたね。これはラテン語ですが、英語にもたくさん入っています。原義は「知られていない」という意味で、cognita「知られた」＋否定の in からできています。もともとは「知る」を意味するラテン語の動詞 cognosco で、その過去分詞形が cognitum, cognita となるのです。

これを覚えるといろいろ応用がききますよ。「見てそれと知る」のは recognize、その名詞形は recognition（認めること＝認識）となります。cognizable は「認め得る」。cognizant は aware と同じで「知って」という意味。He is cognizant of the fact. などと使います。

ついでのことながら incognito という言葉も覚えておきましょう。to travel incognito といえば、王様などが「おしのびで」旅することです。おとぎ話などによく出てきますが、現在でも王族が身分を隠して町に出るときなどに使います。『ローマの休日』でオードリー・ヘップバーンが演じたお姫様を覚えているでしょう。原義は「人に知られないで」ということですよね。

ローマの休日　27

＊『ローマの休日』：ローマを舞台に、ヨーロッパ某国の王
女と新聞記者の淡い恋の一日を描いたアメリカ映画（1953
年）。各国を表敬訪問中のアン王女は、過密スケジュール
と自由のない生活にうんざりし、最後の滞在国イタリアの
首都でこっそり宿舎から街に抜け出す。そして、彼女の素
性を知らない記者と出会い…というストーリー。王女役の
新人オードリー・ヘップバーン（Audrey Hepburn）はア
カデミー賞最優秀主演女優賞を受賞、一躍世界的なスター
となった。記者役はグレゴリー・ペック（Gregory Peck）。

●語源
cognosco 〈ラテン語〉 知る
cognitum 〈ラテン語〉 知られた
cognita 〈ラテン語〉 知られた
in 〈ラテン語〉 否定

●単語
recognize 見てそれと知る
recognition 認識
cognizable 認め得る
cognizant 知って
incognito 人に知られないで、おしのびで

# 11 「大地」(terra) をさらに応用すると

terra がラテン語で「大地」を意味することは前前回でお話ししました〔→ 9 sub（下の）〕。この言葉の応用をもう少し考えてみましょう。terrestrial はその形容詞形ですが、terrestrial equator といえば「（地球の）赤道」を意味します。territory といえば国の「領土」となりますが、同時に動物の「縄張り」を意味することも覚えておきましょう。ちなみに「領海」は territorial sea ですが、同じ意味の territorial waters は通常複数形で用います。

「領土」とは「その国の主権が及ぶ土地」を指しますが、いくつかの国の中には歴史上自国の主権の及ばない土地があったことは歴史で習ったことがあるでしょう。これが「治外法権」で、英語では extraterritoriality と言います。extra は「余分の、範囲外の」という意味で、このままでも「（映画の）エキストラ」などに使いますが、「領土の中で主権の及ぶ範囲外の土地」のあることを指します。

「尋常でない、並みでない」を意味する extraordinary などは、extra（外の）＋ ordinary（普通の）と分けて

「大地」(terra) をさらに応用すると　29

考えればすぐわかるでしょう。長い単語にであったら、慌てずに、まずどこで切るかを考えることが大事です。

---

●語源
terra〈ラテン語〉 大地
extra〈ラテン語〉 余分の、範囲外の

●単語
terrestrial　大地の
terrestrial equator　赤道
territory　領土、縄張り
territorial sea　領海
territorial waters　領海
extraterritoriality　治外法権
ordinary　普通の
extraordinary　尋常でない、並みでない

---

# 12 間氷期

extra を覚えたついでに反対の intra も覚えましょう。これは「内部の、内側の」という意味です。international は「国際間の」の意味ですが、intranational は「一国内の」を意味します。フィリピンの首都マニラに「イントラムロス*」Intramuros という地名がありますが、これは「城壁の内側」の土地、つまり「城内」を指します。muros とは walls のことです。

面白いことに、この「壁＝塀」が「学校の構内」の意味で使われることがあります。intramural がそれで、たとえば対抗試合でなく、学校だけで行なう競技は intramural sports, intramural games ということを覚えておきましょう。

1つの政党の中で派閥間の抗争などはさしずめ intraparty fight となりましょうか。アメリカの1州内部だけでの通商は intrastate commerce「州内通商」です。

このほかにも intraregional「地域内の」、intragalactic「1つの銀河系内で起こる」や、地学で学んだ「1つの氷河期ともう1つの氷河期の間の時期」、つまり「間氷期」を表す intraglacial など、intra からはさまざまな学

術用語が作られています。

＊イントラムロス：マニラ市内の地区。スペイン人がフィリ
　ピン統治の本拠地とするために建築した町。第2次世界大
　戦時、爆撃によりほとんどの建物が破壊されたが、戦後復
　旧され、スペイン統治時代の雰囲気のある観光地となって
　いる。

●語源
intra 〈ラテン語〉 内部の、内側の
muros 〈ラテン語〉 壁

●単語
international　国際間の
intranational　一国内の
intramural　学校内の
intramural sports　学内競技
intramural games　学内競技
intraparty fight　政党内での派閥抗争
intrastate commerce　州内通商
intraregional　地域内の
intragalactic　1つの銀河系内で起こる
intraglacial　間氷期

# 13 am pm

　am/pm というコンビニがあったことを知っていますね。「24 時間開いている」ということを「午前」「午後」を示す略語で示したしゃれた名前です。

　ところで am ってなんですか？　これはラテン語の ante meridiem を略したものです。じゃ pm は？　これは post meridiem の省略形。両方に共通の言葉は meridiem です。英語でいうと midday つまり「正午」という意味。ante は「前」という意味ですから、昼前、つまり「午前」となります。post は「後」ですから、「午後」です。

　ante のついた英語を考えてみませんか。antedate はどうでしょう。「…に先立つ」ですね。ついでに antecede も覚えましょう。-cede は to go を意味しますから、「先に行く」つまり「先行する」となります。

　cede が変化した cedent をつけて antecedent とすると、形容詞になります。an antecedent event といえば「…より前に起こった事件」ということになりますね。ついでのことながら洋風の家によくある入り口の間は antechamber です。

am pm　33

●語源
meridiem〈ラテン語〉 正午
ante〈ラテン語〉 前
post〈ラテン語〉 後
cede〈ラテン語〉 行く

●単語
midday 正午
antedate …に先立つ
antecede 先行する（動詞）
antecedent 先行する（形容詞）
antechamber 入り口の間

# 14　死後

前回は ante（前）と post（後）を覚えました。post は日本語になってしまいましたね。「ポスト小泉」などと言うでしょう。

post のついた英語を考えてみましょう。前回やった antedate の反対語は postdate で、「書類に実際より後の日付を書き込む」ことを意味します。

これまた日本語で「ポスドク<sup>*</sup>」という言葉がありますが、正しくは postdoctoral で、「博士号を取得後の」という意味です。

posthumous はどうでしょう。「死後」という意味です。posthumous books といえば「著者の死後出版された本」のこと。この言葉を分解すると post + humous になります。humous ですが、これはラテン語の humus「大地、土」から派生した言葉です。人は死ぬと土にかえると言うでしょう。その「土」の意味で、「土にかえった後」ですから「死後」となるわけです。

「後回しにする」のも post を使って postpone です。-pone は「置く」という意味ですから、あわせて「後に置く」つまり「後にする」となります。

＊ポスドク：博士研究員。ポス・ドク、ポスト・ドク、PD
とも表記される。英語の postdoctoral（research）fellow
（postdoc とも略す）に由来し、博士号取得後に、大学や
研究機関での常勤の研究・教育職に就く前に任期付きの契
約で研究に従事する者、もしくはその職を指す。

●語源
post〈ラテン語〉 後
humous←humus〈ラテン語〉 大地、土
pone〈ラテン語〉 置く

●単語
postdate　書類に実際より後の日付を書き込む
postdoctoral　博士号を取得後の
posthumous　死後
posthumous books　著者の死後出版された本
postpone　後回しにする

## 15　アンチ巨人

　前々回は「前」という意味の ante の話をしました〔→ 13 am pm〕。今回はこれと一見似て非なる anti について考えてみましょう。「アンチ」という言葉は日本語になっていますね。「アンチ巨人」を知らない人はいないでしょう。「反対する」とか「対抗する」という意味に使います。

　ところで ante（前）と anti（反、抗）とは、違う語であるどころか、言語そのものが違うのです。ante がラテン語なのに対して、anti の方はギリシャ語です。

　お医者さんに処方してもらう antibiotic は、バクテリアなど他の微生物の生育を阻害する働きをする「抗生（物質）」を意味します。anticancer が「抗癌性の（薬）」を意味することは想像できますね。通常 ABM と略称される antiballistic missile は「弾道ミサイル迎撃用ミサイル」です。

　ご愛敬に、英語にもこんなに長い単語があることをご紹介しておきましょう。anti-disestablishmentarianism がそれです。19 世紀にイギリスで起きた英国国教会に対する「非国教化反対運動*」のこと。anti-dis-

アンチ巨人　37

**establishment-arian-ism** と分析して意味を考えましょう。

\*非国教化反対運動：イギリスで 19 世紀に起こった国教会を廃止しようとする動きに反対する運動。イングランドではこの運動が成功したが、アイルランドでは国教会が廃止された。

---

●語源
anti〈ギリシャ語〉 反、抗

●単語
antibiotic　抗生（物質）
anticancer　抗癌性の（薬）
antiballistic missile（ABM）　弾道ミサイル迎撃用ミサイル
anti-disestablishmentarianism　非国教化反対運動

---

# 16　バイオ

前回お話しした antibiotic で出てきた bio という言葉を最近よく耳にします。臓器の移植はどういう基準に従うべきか、などを議論するときに使う bioethics「生命倫理」という言葉などがそれです。もともとこれはギリシャ語で「生命」を表す bios という言葉が語源です。そこで「生物学」は biology となることはわかるでしょう。近年急速に進歩し「バイオサイエンス」として日本語にも入った「生命科学」が bioscience となることは見当がつきますね。

人間の一生を書いた「伝記」は biography です。graphy はもともと「書く」を意味する動詞 graphein からできた言葉で、「書かれたもの」という意味。これに「自分の」を意味する auto をつけた autobiography は「自叙伝」となります。

sphere は「範囲、領域」という意味ですから、biosphere といえば「地球上の生物の生活可能な地域全体」を指します。夜更かししすぎると狂ってしまう「バイオリズム」biorhythm は、すっかりおなじみの言葉になってしまいましたね。

●語源
bio←bios〈ギリシャ語〉 生命
graphein〈ギリシャ語〉 書く
auto〈ギリシャ語〉 自分の

●単語
bioethics 生命倫理
biology 生物学
bioscience 生命科学
graphy 書かれたもの
biography 伝記
autobiography 自叙伝
sphere 範囲、領域
biorhythm バイオリズム
biosphere 地球上の生物の生活可能な地域全体

# 17 uni-、bi-、multi-

バイラテラルという言葉を聞いたことがありますか？「双務的な」「互恵的な」という意味ですが、たとえば2つの国に協定が結ばれる場合など、2つの当事者が互いに義務を負い合うことを意味します。綴りは bilateral となります。この場合 bi- は「2つの」という意味。ラテン語で「2度」を表す bis が語源です。

ところで最近「バイ」ではなく「マルチ」で、などということがよく言われます。たとえば協定の当事者が2国だけではなく、多国にまたがる場合などに使います。その時は bilateral agreement ではなく multilateral agreement となります。これに対して「一方だけの」「片務的な」であれば unilateral となるわけです。

uni, bi, multi を覚えておくと、いろいろ応用が利きます。たとえば unisexual reproduction「単性生殖」に対して「両性生殖」は bisexual reproduction となります。また「多色の」は multicolored ですが、これが「単色の」となると unicolored となるといった具合に。

●語源
uni〈ラテン語〉 1つの
bi←bis〈ラテン語〉 2度
multi〈ラテン語〉 多数の

●単語
bilateral　双務的な、互恵的な
unilateral　片務的な
multilateral　多国的な
unisexual reproduction　単性生殖
bisexual reproduction　両性生殖
multicolored　多色の
unicolored　単色の

# 18 ペンタゴン

　今回も身近な英語を考えてみましょう。アメリカの国防総省の建物を俗にペンタゴンということは知っていますね。ペンタゴンとは五角形のことですが、the Pentagon といえば五角形の建物を持つ国防総省を指すようになりました。ちなみに penta はギリシャ語で「5」のことです。この形容詞形は pentagonal となります。

　オリンピックの五種競技は、それぞれ、男子は「走り幅跳び、槍投げ、200 メートル走、円盤投げ、1500 メートル走」、女子は「100 メートルハードル、砲丸投げ、走り高跳び、走り幅跳び、800 メートル走」ですが、この五種競技のことを pentathlon と言います。

　pentathlon の後ろの athlon は「競技」を意味する同じくギリシャ語です。この言葉から athlete, athletic, athletics などの英語が派生しています。それぞれ「競技者、運動家」、「体育の」、「運動競技」の意味です。ちなみに「運動会」は athletic meeting。

ペンタゴン　43

●語源
penta 〈ギリシャ語〉 5
athlon 〈ギリシャ語〉 競技

●単語
the Pentagon　アメリカ国防総省
pentagonal　5つの
pentathlon　五種競技
athlete　競技者、運動家
athletic　体育の
athletics　運動競技
athletic meeting　運動会

# 19 物騒な言葉

　キンチョールという家庭用の殺虫剤がありますね。そこには英語で insecticide と書いてありました。そこで今回はいささか物騒な話をしましょう。この言葉は insect + cide と分解できます。insect が「虫」であることは知っていますね。その後ろの cide はラテン語の変化した形で「殺す」を意味します。それで「殺虫剤」となるわけです。

「自殺」は suicide ですが、これは「自身の」を意味する sui に cide をつけてできた言葉。「民族皆殺し」を意味する「ジェノサイド」genocide は日本語になってしまいましたが、これは「民族」を表すギリシャ語の genos と cide をくっつけた造語です。このようにラテン語とギリシャ語を合成して新しい言葉を作ることがあることを覚えておきましょう。

　世界史に出てくる「国王殺し」は regicide ですが、これは「王様」を表す reg- と cide の組み合わせ。もっとおっかない「父親殺し」は patricide、「兄弟殺し」は fratricide ですが、それぞれ pater「父親」と frater「兄弟」に cide をつけたものです。物騒な話はこの辺でお

物騒な言葉　45

しまいにしましょうか。

---

●語源
cide〈ラテン語〉 殺す
sui〈ラテン語〉 自身の
genos〈ギリシャ語〉 民族
reg〈ラテン語〉 王様
pater〈ラテン語〉 父親
frater〈ラテン語〉兄弟

●単語
insect　虫
insecticide　殺虫剤
suicide　自殺
genocide　民族皆殺し
regicide　国王殺し
patricide　父親殺し
fratricide　兄弟殺し

---

## 20　平和

　前回は物騒な話をしましたから、今日は平和について
考えてみましょう。「平和」はラテン語で pax と言いま
す。19世紀の世界史ではラテン語をそのまま使って
Pax Britannica ということが言われました。「英国の支
配による平和」という意味です。20世紀には Pax
Americana とか Pax Sovietica がよく使われました。そ
れぞれ「アメリカの支配による平和」、今では崩壊して
しまいましたが「ソ連の支配による平和」であることは
想像がつくでしょう。

　pax の形を paci- と換えるといろいろな言葉をつくる
ことができます。「作る」を意味する fi をつけると
pacifism つまり「平和主義」となります。pacifist は
「平和主義者」、pacification といえば「平和を回復する
こと」です。テロ活動の排除から講和、和解、平定など
と訳せます。そうそう、忘れるところでした。もっと身
近なところに Pacific Ocean「太平洋」がありますね。

平　和　47

●語源

paci←pax〈ラテン語〉 平和

fi〈ラテン語〉 作る

●単語

Pax Britannica　英国の支配による平和

Pax Americana　アメリカの支配による平和

Pax Sovietica　ソ連の支配による平和

pacifism　平和主義

pacifist　平和主義者

pacification　平和を回復すること

Pacific Ocean　太平洋

# 21 春分と秋分

春分、秋分とはどんな日ですか？ 昼夜の長さが等しい日ですね。英語ではそれぞれ spring equinox と autumnal equinox と言います。spring の代わりに vernal を使って vernal equinox と言うこともあります。

ところで equinox は equi と nox に分解できますが、前者は「等しい」を意味するラテン語の aequus の語頭の ae が e に変化した形です。これと間違えやすいのはラテン語の equus で、これは「馬」を意味しますからご用心。注意ついでに equestrian statue（騎馬像）を覚えましょう。

後半の nox は「夜」。要するに英語では「夜の長さ」が等しいのが春分であり、秋分ということになりますね。ところで nox ですが、音楽の「ノクターン」は誰でも知っているでしょう。nocturne と綴り、「夜想曲」と訳されます。

noctambulation といえば「夢中歩行、夢遊病」のこと。ambulare は「歩く」を意味するラテン語です。これから派生した ambulance は「救急車」のことですが、原義は移動する病院の意味です。

春分と秋分 49

●語源
equi←aequus 〈ラテン語〉 等しい
equus 〈ラテン語〉 馬
nox 〈ラテン語〉 夜
ambulare 〈ラテン語〉 歩く

●単語
spring equinox　春分
autumnal equinox　秋分
vernal equinox　春分
equestrian statue　騎馬像
nocturne　夜想曲
noctambulation　夢中歩行、夢遊病
ambulance　救急車

## 22 Boys, be ambitious! の原義とは

「若者よ、大志をいだけ<sup>*</sup>」という言葉を聞いたことがありますか。Boys, be ambitious! の訳ですね。ambitious は「野心のある、大望をいだいた」という意味で、名詞は ambition です。この語はもともとラテン語で、「地位をもとめて歩き回ること」を意味する言葉でした。分析すると anbi（= around）＋ itum（<ire = to go）となります。言葉の意味の変化には興味がひかれます。

ambi という接頭辞は both（両方）を意味することもあります。ambivalence は「同じ対象に対して相反する感情を持つこと」という心理学の言葉ですが、日常用語としては「（表現などの）あいまいさ」を指します。形容詞は ambivalent。On that issue he was ambivalent.（その問題について、彼の態度はあいまいだった）などと使います。valence は「価」のこと。高校で「化学」や「生物」をとったことのある人なら、ああ、あれかと思いだすかもしれませんね。

*若者よ、大志をいだけ：「少年よ、大志をいだけ」という訳が一般的。北海道開拓の初期、札幌農学校（現在の北海

道大学）の開学時の 1876 年（明治 9 年）8 月から翌年 4 月までの 8 ヵ月間、初代教頭（実質的には校長）としてマサチューセッツ農科大学（現在のマサチューセッツ大学アマースト校）の学長だったクラーク博士（William Smith Clark, 1826-86）が招聘されたが、彼が離日する際に第 1 期生に向けて発したとされる言葉。クラーク博士の滞在は短期間だったが、その教えと精神は北海道開拓だけでなくその後の日本の発展にも大きな影響を与えた。

---

●語源
ambi←anbi〈ラテン語〉 周囲に（を）、回って、両方
itum←ire〈ラテン語〉 行く

●単語
ambitious　野心のある、大望をいだいた
ambition　野心、大望
ambivalence　あいまいさ
ambivalent　あいまいな
issue　問題
valence　価

---

# 23　アクアラング

潜水用具の「アクアラング」aqualung は日本語になってしまいましたが、その語源を知っていますか？ aqua は「水」、lung は「肺」といえば、説明の必要はありませんね。水上スキー用の「波乗り板」を aquaplane というのも納得できるでしょう。少し形の変わった aquarium は「水族館」の意味です。

aqua を形容詞にすると aquatic となりますが、そこで aquatic sport といえば「水上スポーツ」のこと。aquatic plant は「水生植物」というわけです。

占いの好きな人なら Aquarius を知っているでしょう？　「水瓶座」のことですね。この原義は Water Bearer です。

ローマの遺跡でよく目につく高架式の水道はラテン語で aquaeductus と言いましたが、英語に入って aqueduct となりました。これは「水（aqua）」を「引く（duct<ducere = to lead）」という意味です。

ついでのことながら、英国のレインコートに Aquascutum というブランドがありますが、scutum が「盾」であることがわかれば、その意味は想像できるで

アクアラング　53

しょう。

●語源
aqua〈ラテン語〉 水
lung〈ゲルマン語〉 肺
duct←ducere〈ラテン語〉 引く

●単語
aqualung　アクアラング
aquaplane　波乗り板
aquarium　水族館
aquatic　水の
aquatic sport　水上スポーツ
aquatic plant　水生植物
Aquarius　水瓶座
aqueduct　高架式の水道
scutum　盾

# 24 ビデオとオーディオ

すっかり日本語になってしまった「ビデオ」と「オーディオ」。この２つの言葉の共通点は何でしょう。video も audio も、どちらもラテン語の動詞形で、「私は見る」「私は聴く」という意味です。

video は変化して vis- という形でたくさん英語に入っています。まず vision。もともと「視力」「視覚」という意味でしたが、「心に描く像」ということから「展望」となります。「政治家にはビジョンが必要だ」など、この言葉は日本語でもそのまま使いますね。

形容詞にして visible とすれば「目に見える、可視の」という意味。それに「遠方の」という意味のギリシャ語 tele をつければ television、おなじみの「テレビ」となります。

telephone はどうでしょう。tele + phone。これもラテン語ではなくギリシャ語。phone はもともと人間の「声」の意味から、一般に「音」を表すようになりました。

野球場で「阪神、がんばれ！」と応援するときに使うのは「メガフォン」megaphone。mega はギリシャ語で

ビデオとオーディオ　55

「大きい」ということ。

　メガは「100万」という意味にもなります。たとえば「メガトン（100万トン）」、「メガバイト（100万バイト）」など。

---

●語源
vis←video〈ラテン語〉　見る
audio〈ラテン語〉　聴く
tele〈ギリシャ語〉　遠方の
phone〈ギリシャ語〉　声、音
mega〈ギリシャ語〉大きい、100万

●単語
vision　展望、ビジョン
visible　目に見える、可視の
television　テレビ
telephone　電話
megaphone　メガフォン

---

## 25 ユビキタス

　最近「ユビキタス」という言葉をよく聞くようになりました。インターネットが家庭や学校やオフィスばかりでなく、携帯電話など「どこでもいつでも」使えるようになった環境を指す言葉で、ubiquitous と書きます。これは everywhere を意味するラテン語の ubique から派生した語です。名詞にして ubiquity とすると「遍在」つまり「同時に至るところに存在すること」を意味します。これは omnipresence と言い換えることもできます。

　omni とは all という意味です。「オムニバス映画」という言葉を知っていますね。それぞれ独立した短編をまとめて1つの作品とした映画のことです。町を走るバスがオムニバス映画と関係があると言っても信じてもらえないかもしれませんが、バスはオムニバスの省略形なのです。そもそもオムニバスとはラテン語の「すべての（人）」を意味する omnis の複数与格形（複数名詞が間接目的語〈〜に、〜のために〉として用いられる時の形）である omnibus で、もともとは「すべての人に」を意味しました。「誰でも乗れる公共の乗り物」ということです。その omnibus の語尾の bus だけが独立して

ユビキタス　57

同じ「公共の乗り物」を意味するようになったというわけです。

omnibus の方は、アメリカの議会で総括的議案 omnibus bill といった意味で使われるようになりました。また、シェイクスピアの「一冊本の選集」などはさしずめ omnibus book のいい事例でしょう。イギリスでは omnibus train というと各駅停車の列車を指します。

omni は「すべて」を意味するので、omnipresence は「(神の) 遍在」、omnipotence は「全能 (の神)」となります。形容詞形はそれぞれ omnipresent と omnipotent です。

●語源
ubique 〈ラテン語〉 どこでも
omni 〈ラテン語〉 すべての
omnibus←omnis 〈ラテン語〉 すべての人

●単語
ubiquitous どこでもいつでも
ubiquity 遍在
omnipresence 遍在
omnibus オムニバス映画
omnibus bill 総括的議案
omnibus book 一冊本の選集
omnibus train 各駅停車の列車
omnipotence 全能（の神）
omnipresent （神の）遍在する
omnipotent 全能（の神）の

# 26　水平思考

「水平思考」という言葉を聞いたことがありませんか。常識や既成概念にとらわれない考え方を意味し、英国の心理学者デボノ*によって提唱された概念です。原文はlateral thinking。lateral はもともと「横へ」とか「側面の」を意味しました。この lateral に「2」をあらわす bi-をつけて bilateral とすると「双方向の、双方の」となることは前に書きました〔→ 17 uni-、bi-、multi-〕。

　lateral の原義「横へ」は、アメリカンフットボールの用語 lateral pass に見ることができます。「ほとんど真横（実際はもちろん後ろ）へのパス」を意味します。

　反対に「縦へ」は vertical。計算ソフトの「縦列」はvertical column、航空機の「垂直尾翼」は vertical tail です。vertically challenged という表現の意味は想像できますか。これはもともと差別語ととられかねない short（背が低い）を避けようとしてつくられたいわゆる PC語**（Political Correctness）でしたが、現在ではややおどけたニュアンスを持つ表現となっているようです。

＊ Edward de Bono：1933 年英領マルタ島生まれ。心理学者、

60

医学博士、作家、発明家、宗教学者、コンサルタントなどの様々な肩書きを持つ。しかし、彼を最も有名にしているのは、従来の与えられた枠組みの中で論理的に思考する方法（垂直思考）に対し、さまざまな観点から柔軟に思考し創造的な結論に導く「水平思考」である。この思考法は、多くの企業や行政機関、団体に影響を与えている。

＊＊PC語（Political Correctness）：言語表現はどんな人にとっても平等、公正で尊厳を傷つけるようなものであってはならないとする基本精神に則り、差別や偏見を含んだり、そうしたものを生む可能性のある表現の代わりに、より中立的、無色な表現として採用された語や表現。米国では1990年代初期よりPC語を使うことが強く意識されてきているが、ここで言及されているようなshort（背が低い）の代わりに使うvertically challenged（垂直方向に苦労がある）というような過度の「改善」には批判もある。

●語源
lateral〈ラテン語〉横へ
vertical〈ラテン語〉縦へ

●単語
lateral thinking　水平思考
bilateral　双方向の、双方の
lateral pass　ほとんど真横へのパス
vertical column　縦列
vertical tail　垂直尾翼
vertically challenged　垂直方向に苦労がある（背が低い）
short　背が低い

# 27　アニメ

　映画『千と千尋の神隠し』がアニメ分野で米アカデミー賞長編アニメ賞を獲得しました。日本のアニメ文化が世界に認められたわけです。ところで、アニメとは何でしょう。日本語には外国語からの借用語を勝手に短くする傾向が見られますが、アニメはアニメーションanimation を省略した形です。この animation は動詞animate を名詞化した言葉。animate はラテン語のanima から出た言葉です。

　anima を辞書で引くと、まず「風の流れ」、「息」とあり、「魂」、「いのち」と続きます。したがって animateは「生命を吹き込む」ことを意味します。animation はあたかも生き物であるかのように動く絵ということで、「動画」と言えばいいでしょうか。

　animal はご存じのとおり「動物」ですが、anima の意味から想像できますね。

　ところで「アニミズム」animism という言葉を聞いたことがありますか。「精霊信仰」などと訳されていますが、もとは万物にいのちが宿っているという信仰を意味した言葉であることが語源から類推できるでしょう。

アニメ　63

●語源
anima 〈ラテン語〉 風の流れ、息、魂、いのち

●単語
animation　動画、アニメーション
animate　生命を吹き込む
animal　動物
animism　精霊信仰、アニミズム

# 28 「ミクロの世界」

「マイクロフィルム」microfilm という言葉はもう日本語になってしまいましたね。これは「小さい」を意味するギリシャ語の mikros を英語読みにして、これに film をつけてできた言葉です。micro は「ミクロの世界」などでおなじみになりました。micro のつく言葉では「マイクロフォーン」microphone がすぐ頭に浮かびます。phone がギリシャ語の「音」を意味することは前に書きました〔→ 24 ビデオとオーディオ〕。

film は古代英語で「薄皮」を意味する filmen に由来する言葉で、ギリシャ語ではありません。

「顕微鏡」は microscope。scope はギリシャ語の skopos で「見るもの」の意味。microwave は周波数のごく短い「極超短波」です。西大西洋に散在する小島を総称した「ミクロネシア」Micronesia という名称は、micro に「島」を意味するギリシャ語 nesos をつけてできました。ちなみに最近急速に発展しつつある医学の新分野、「顕微鏡を使ってする手術」は microsurgery となることを覚えておきましょう。

「ミクロの世界」 65

●語源

micro←mikros〈ギリシャ語〉 小さい
film←filmen〈古代英語〉 薄皮
scope←skopos〈ギリシャ語〉 見るもの

●単語

microfilm　マイクロフィルム
microphone　マイクロフォーン
microscope　顕微鏡
microwave　極超短波
Micronesia　ミクロネシア
microsurgery　顕微鏡を使ってする手術

# 29 ステレオ

ステレオを知らない人はいませんね。これは stereophonic sound system の略語です。stereophonic の phonic はギリシャ語の phone「音」から来ました。stereo も同じくギリシャ語で「硬い」「堅固な」を意味します。そこでステレオは「原音を忠実に再生する音響システム」、つまり「立体音響再生装置」ということになります。

stereography といえば「立体画法」、stereograph は「立体写真」、stereo camera は「立体カメラ」です。

ステレオという言葉は、また全然違ったところにも顔を出します。「ステレオタイプ」stereotype がそれです。「あの人の話はいつもステレオタイプだ」などと言うでしょう。もともとこの言葉は印刷用語で、鉛版*を作りだす行程、またはそこでできあがった鉛版を意味していたのが、転じて「型にはまった」「形式化した」を意味するようになりました。

＊鉛版：凸版印刷において使用される。日本ではステロ版とも言った。オフセット（平版）印刷が主流の現在ではほと

んど使われない。

---

●語源
phone 〈ギリシャ語〉 音
stereo 〈ギリシャ語〉 硬い、堅固な

●単語
stereophonic sound system　立体音響再生装置
stereography　立体画法
stereograph　立体写真
stereo camera　立体カメラ
stereotype　型にはまった、形式化した

---

# 30 マニフェスト

最近「マニフェスト」manifesto という言葉が盛んに新聞紙上に登場するようになりました。各政党が国民に発表する「政権公約」を意味しています。「マニフェスト」で歴史上一番有名なのは 1847 年末に出された「共産党宣言*」Manifest der Kommunistischen Partei でしょう。「マニフェスト」の直接の語源はイタリア語の manifesto ですが、もとはラテン語で、manifestare という動詞から派生した言葉です。ここから英語に入った動詞の manifest は「明示する、はっきりと示す」という意味を持っています。

この語の語源については異説もあるようですが、1つ面白い説があるので紹介しておきましょう。それはこの語を manus + festus に分ける考え方です。manus は前にも書いたように「手」〔→1「手」がかりはラテン語〕、festus は「つかまえられた」という意味ですから、「手でつかまえられるようにはっきりと示す」とでも言えばいいのでしょうか。言語明瞭意味不明では「マニフェスト」にはなりませんね。

ちなみに名詞としての manifest は、飛行機の「乗客

マニフェスト　69

名簿」や税関に提出する「積荷明細書」を意味すること
も覚えておきましょう。

＊共産党宣言：ドイツの経済学者・哲学者カール・マルクス
　（Karl Marx, 1818–83）と思想家・革命家フリードリッヒ・
　エンゲルス（Friedrich Engels, 1820–95）が執筆した、マ
　ルクス主義の代表的文書。1847年に共産主義者同盟の綱
　領として起草、翌48年に出版された。あらゆる社会の歴
　史を階級闘争の歴史ととらえ、近代ブルジョア社会でのプ
　ロレタリアート階級の貧困化を解決するためブルジョアジ
　ー支配の打倒、プロレタリアート階級による政治権力の獲
　得などを主張した。

●語源
manifesto〈イタリア語〉←manifestare〈ラテン語〉　明らかにする、
示す
manus〈ラテン語〉　手
festus〈ラテン語〉　つかまえられた

●単語
manifest　明示する、はっきりと示す、乗客名簿、積荷明細書
manifesto　政権公約
Manifest der Kommunistischen Partei　共産党宣言

# 31  東洋

「オリエント」orient という言葉は日本語になってしまいましたね。形容詞の「オリエンタル」oriental も同じで、オリエント急行とかオリエンタル・ホテルなどという名前をよく耳にします。the Orient といえば「東洋」を意味します。

orient が「東」を意味する訳を考えて見ましょう。これは「昇る」を意味するラテン語の動詞 orior の現在分詞 oriens に由来する言葉です。ここで「昇る」のは「太陽」で、太陽が昇る方向ということから「東」となるわけです。

オリエンテーション・キャンプなどの語源もこれと同じで、orientation は「方向付ける」を意味する動詞 orientate を名詞にしたものです。あらかじめ設定された標識を、地図と磁石を使ってできるだけ早く探し、ゴールに到着する時間を競う競技の「オリエンテーリング」は、これと同じ語源のスウェーデン語 orientering が英語化されて orienteering となったものです。

東　洋　71

●語源
oriens←orior〈ラテン語〉 昇る
orientering〈スウェーデン語〉 オリエンテーリング

●単語
orient　東
oriental　東洋の
the Orient　東洋
orientation　オリエンテーション
orientate　方向付ける
orienteering　オリエンテーリング

# 32 西洋

前回は「東」でしたから今回は「西」の話をしましょう。「東洋」の the Orient に対して「西洋」は the Occident となります。前回の語源から類推すると occident が「太陽が沈む方向」だと都合がいいのですが、まさにそのとおりで、語源はやはりラテン語。動詞の原形は occidere で意味は to fall down, to perish, to die です。その現在分詞が occidens。そこで前とは逆に考えて「太陽が沈む方向」ということで「西」となるわけです。「東洋趣味、東洋風」を表す orientalism に対して occidentalism といえば「西洋趣味、西洋文化愛好」を意味することになります。オリエンタリズムについては、これを東洋に後進性、官能性、受動性などのイメージを押し付けようとする西洋の東洋支配の様式だととらえるエドワード・サイード\*の主張があることを覚えておきましょう。

\* Edward W. Said (1935-2003)：パレスチナ系アメリカ人の比較文学者で、主著『オリエンタリズム』は人文・社会科学だけでなく広い領域に多大な影響を与えた。オリエンタ

リズムとは、西欧がとらえたオリエント（東洋、中東イスラム）像で、西欧より政治的、経済的、文化的に劣った存在とすることで西欧による植民地支配を正当化してきたとされる。

●語源
occidens←occidere〈ラテン語〉　倒れる、消え去る、死ぬ

●単語
occident　西
the Occident　西洋
orientalism　東洋趣味、東洋風
occidentalism　西洋趣味、西洋風

# 33  -i = go

英語の「exit＝出口」と「ambience＝環境」と
「itinerary＝旅程」という3つの単語の共通要素は何で
しょうか。答えは-i。これはもともとラテン語で to go
つまり「行く」を意味する語根でした。そこで exit を
ex-i-t と分解すると ex は英語の from ですから、exit は
「出て行く」の名詞形で「出口」となるわけです。

　ambience の方は動詞の amb-ire「歩きまわる」が転じ
てできた名詞。amb- は round を意味するので、
ambience は「周囲の状況」「環境」、さらにはその場の
「雰囲気」ということになります。

　最後の itinerary ですが、これは i から派生して「行く
こと」を意味した名詞 iter の変化した形で、「旅程」と
いう意味です。これから派生した itinerant は原語によ
り近い「巡回する、移動する」を意味する形容詞。名詞
として使うと、文脈次第で「行商人」「旅芸人」「放浪
者」の意味になります。

●語源
i 〈ラテン語〉 行く
iter 〈ラテン語〉 行くこと
ex 〈ラテン語〉 …から
amb 〈ラテン語〉 まわり（の）

●単語
exit　出口
ambience　周囲の状況、環境、雰囲気
itinerant　巡回する、移動する、行商人、旅芸人、放浪者
itinerary　旅程

# 34 「第九」

　毎年大晦日に演奏されるのが恒例となっているベートーベンの第九は、正確にいえば「交響曲第九番ニ短調作品 125」です。「作品 125」は op.125 と書かれるのが普通ですが、op. はラテン語の opus の省略形で、「仕事」つまり「作品」を意味します。その複数形の opera はそのままイタリア語に入って opera「オペラ」すなわち「歌劇」となりました。

　これと語源が同じ動詞の operate は、もともと「動く、働く」という意味でしたが、意味が広がって「機能する、手術する、経営する、事業を行なう」となりました。

　その名詞形の operation は、辞書では「手術」が最初に挙げられていますが、ひろく「（救助活動などの）活動」、「（機械の）操作」などを意味します。それが operations の複数形になると、特に「軍事作戦」とか、「（空港の）管制室」などを意味するようになります。operator は電話のオペレーター（交換手）など、すっかり日本語になってしまいましたね。イタリア語の opera は縮小形では operetta となりますが、これは「オペレッタ」です。喜歌劇や軽歌劇を意味して、既に日本語の

一部となっていますね。

＊縮小形：その語より「小さい」あるいは親愛、親近感、類
　似のニュアンスを持つ形。付け加える接辞を「縮小辞」ま
　たは「指少辞」と言う。日本語の「きれい」に対する「小
　ぎれい」など。

---

●語源
op.←opus〈ラテン語〉　仕事、作品
opera〈イタリア語〉歌劇←opus〈ラテン語〉

●単語
operate　動く、働く、機能する、手術する、経営する、事業を行な
　　　　　う
operation　手術、活動、操作
operations　軍事作戦、管制室
operator　オペレーター
operetta　オペレッタ

---

## 35 超音速機

超音速機を英語で supersonic plane ということはご存じですね。supersonic は super-son-ic と分解できます。super はラテン語の前置詞で「の上」であることは以前書いたことがありますが〔→ 7 super（上の）〕、そこから「を超える」の意味にも使います。

son はラテン語の sonus から出た言葉で、意味は「音」。英語の sonorous（響き渡る）や sonority（響き）は、いずれも sonus を語幹とした語です。

これに前綴りの re- をつけた resonance が「反響、共鳴」を意味する理由はすぐ見当がつきますね。「りそな銀行」という名前の銀行がありますが、これはこの「りそなんす」にちなんだ名前ではないでしょうか。「（心地よい）音がひびきつづけること」。つまり名声がいつまでも続くという意味でしょうか。

その反対が dis- のついた dissonance で、これは「不協和音」。dissonant の方が「耳障りな」ということになります。

超音速機　79

●語源

super〈ラテン語〉 …の上に、…を超える
son←sonus〈ラテン語〉 音
re〈ラテン語〉（接頭辞） 再び、相互の
dis〈ラテン語〉（接頭辞） 反対の、不…、非…

●単語

supersonic plane　超音速機
sonorous　響き渡る
sonority 響き
resonance　反響、共鳴
dissonance　不協和音
dissonant　耳障りな

# 36 リベラル

ラテン語に liber という言葉があります。もとは「社会的・政治的に制約されていない」とか「負債を負っていない」といった意味でしたが、広く「自由な」と訳されています。これが英語に入って liberal「自由な」や名詞形の liberty「自由」の語源になりました。「自由主義」の liberalism も同じです。動詞にして liberate とすれば「解放する」となります。「解放者」は liberator、「解放」が liberation であることはすぐに類推できますね。

liberal arts は大学などの一般教養科目のことで、哲学、歴史、文学、言語などの科目を含みます。

ラテン語で注意しなければいけないのは母音に長短の区別があることで、同じく liber と書かれるのですが、母音が短く、「書籍」を意味する liber という言葉があります。これも英語に入っているのですが、母音の長さの違いから liber ではなく libr- のかたちで入りました。library「図書館」、librarian「図書館員」がそれです。

リベラル　81

●語源
liber 〈ラテン語〉 自由な
libr←liber 〈ラテン語〉 書籍

●単語
liberal 自由な
liberty 自由
liberalism 自由主義
liberate 解放する
liberator 解放者
liberation 解放
liberal arts 大学の一般教養科目（哲学、歴史、文学、言語など）
library 図書館
librarian 図書館員

# 37  B.C. ／A.D.

　紀元前は英語では B.C. で表します。いうまでもなく before Christ の略です。ところで紀元後は A.D. ですがこれは Anno Domini というラテン語の略で、「わが主の年」という意味です。ついでのことながら A.D. は原則として数字の前に、B.C. の方は数字の後ろにつけることを覚えておきましょう（アメリカでは A.D. を後ろに置くことがあります）。

　さて anno（<annus）「年」ですが、これから派生した英語に形容詞の annual があります。「1年間の、年1回の」という意味です。「2」を意味する bi- をつけて biannual とすると「年2回の」という意味になります。年2回発行の雑誌などというときに使います。

　annuity という名詞は「年金」です。そこで a life annuity は「終身年金」ということになります。

　ann- は英語に入るとき形が変わり enn- になることがあります。その例が perennial で、「（年を越えて）永続的な、繰り返し起こる」を意味します。植物に使えば「多年生の」ということ。

　「100周年記念」などに使う centennial は「100」を意

B.C.／A.D.　83

味する cent- をつけたものです。「100 歳の、100 年の」を意味する centenarian では、語源が忘れられたのでしょうか、2 つあったはずの n が 1 つになっています。

●語源
annus←anno〈ラテン語〉 年
bi〈ラテン語〉 2
cent〈ラテン語〉 100

●単語
annual　1 年間の、年 1 回の
biannual　年 2 回の
annuity　年金
a life annuity　終身年金
perennial　（年を越えて）永続的な、繰り返し起こる、多年生の
centennial　100 周年記念
centenarian　100 歳の、100 年の

# 38　2つの homo

　今日は2つの homo を取り上げましょう。最初は mankind を意味する Homo sapiens の homo。これはラテン語で「人間」の意味です。社会がすべてカーストによって階層化されていると考えるインド人を目して homo hierachicus と呼んだ学者がいます。homo が「人」ならばそれを殺す「人殺し」は homicide です。

　もう1つ似て非なる homo があります。こちらの方はギリシャ語で「同じ、似た」を意味する言葉です。この homo のついた言葉は英語にたくさんあります。「ホモセクシュアル」という日本語になってしまったような homosexual などはその1つです。

　homophone は「同音異義語」。「均質にする」は homogenize。homo の次に来る言葉の意味がわかればすぐわかるでしょう。日本語になったモノクロ・フィルムから類推すれば homochrome, homochromatic が「単色の」であることは想像できますね。homocentric は「同じ中心を持つ」という意味です。

2つの homo　　85

●語源
homo 〈ラテン語〉 人間
homo 〈ギリシャ語〉 同じ、似た

●単語
mankind　人間
Homo sapiens　人類
homo hierachicus　階層化された人間（インド人をこう呼んだ学者が
　　　　　　　　　　いる）
homicide　人殺し
homosexual　同性愛の
homophone　同音異義語
homogenize　均質にする
homochrome　単色の
homochromatic　単色の
homocentric　同じ中心を持つ

# 39 ジャーナリズム

「ジャーナリズム」journalism という英語はすっかり日本語になりました。この言葉は、day を意味するフランス語 jour からつくった言葉です。journal はもともと「日々の記録」という意味でしたが、これは語源から意味は想像できるでしょう。現在では「日刊紙」という意味にも使います。英語でいえば news paper です。

journalist は journalism の仕事をしている記者や編集者などを指します。journal は、「日」という原義を離れて、定期的に刊行される雑誌の意味にも使います。学術雑誌で有名な *Journal of Asian Studies* などがそれに当たります。

同じ語源の言葉にもう1つ、journey があります。「センチメンタル・ジャーニー」などという風に「旅行」を意味することはご承知でしょうが、もともとは「1日の仕事」という意味でした。「東海道五十三次」を想像してみてください。1日歩くと、次の宿場に着きますね。journey のもとの意味です。面白いことに journeyman というと、「（徒弟奉公を終えた）一人前の職人」を意味します。

ジャーナリズム　87

●語源
jour〈フランス語〉 日

●単語
journalism　ジャーナリズム
journal　日々の記録、日刊紙
journalist　ジャーナリスト、記者、編集者
journey　旅行
journeyman　一人前の職人

# 40 独裁者

　ディクテーションという言葉を知っていますね。英語の「書き取り」です。これは dict- と -ation に分けられます。dict- はラテン語で「私は言う」を意味する動詞 dico の過去分詞形 dictum「言われた」に由来する言葉です。

　dictum はそのままの形で英語に入り、あらたまった「声明」とか、権威ある「断言」や「格言」、「金言」を意味するようになりました。

　dictate は、「口述筆記させる」「書き取らせる」という動詞、dictation はその名詞形です。新聞などによく登場する dictator は、もともとは「口述者」の意味ですが、「独裁者」の意味で使われることが多いようです。威圧的に自分の命令に従わせる人とでも言えるでしょうか。形容詞形は dictatorial「専制的な」、その名詞は dictatorship「独裁制」です。

　語源を共通にする言葉におなじみの dictionary「辞書」があります。ついでのことながら、これは普通の言葉の辞書で、ギリシャ語やラテン語などの古典語の辞書は特に lexicon と呼ぶことを覚えておきましょう。

独裁者　89

●語源
dictum　言われた←dico〈ラテン語〉　私は言う

●単語
dictum　声明、断言、格言、金言
dictate　口述筆記させる、書き取らせる
dictation　口述筆記、書き取り
dictator　口述者、独裁者
dictatorial　専制的な
dictatorship　独裁制
dictionary　辞書
lexicon　古典語の辞書

# 41 カメラの歴史

「カメラ」camera という言葉はすっかり日本語になっています。その語源をたどるとラテン語の camera obscura に行きつきます。直訳すると「暗い部屋」を意味するこの言葉は、暗くした部屋の屋根や壁に小穴をあけ、反対側の白い壁や幕に外の景色をさかさまに映し出す、絵を描くときの補助装置（暗箱）で、紀元前にさかのぼる古い歴史を持った意味です。

部屋という意味の camera は cameral という形容詞の形で英語に入り、立法議会の「院」を意味するようになりました。「一院制」は unicameral、「二院制」は bicameral です。

それがフランス語を経由して英語に入ると、音が変わって chamber となります。chamber of commerce は「商工会議所」です。chamber music は「部屋の中で奏でる音楽」ということで「室内楽」を意味します。

法廷ではなく、事務所で行なう弁護士さんの活動を chamber practice と言いますが、この表現の中に chamber<camera の原義「部屋」が生きていますね。

カメラの歴史　91

●語源
camera 〈ラテン語〉 部屋
obscura 〈ラテン語〉 暗い
camera obscura 〈ラテン語〉 暗箱
chamber 〈古フランス語〉←camera 〈ラテン語〉

●単語
camera カメラ
cameral （立法議会の）院
unicameral 一院制
bicameral 二院制
chamber of commerce 商工会議所
chamber music 室内楽
chamber practice 事務所で行なう弁護士の活動

# 42 アイデンティティ

「アイデンティティ」identity が日常的な文脈の中で用いられるようになったおかげで、「自己同一性」などという難しい訳語は影が薄くなってしまったようです。そもそもこの言葉の語源は「同じもの」を意味するラテン語の idem でした。

英語で「A と B は identical だ」といえば、「A と B とは同じものだ」という意味です。そこで identify といえば「同一物（人）であることを確認する」ことになります。これがわかれば identity card が「身分証明書」を意味する理由はわかりますね。自分の identity、つまり自分が自分であることを示すものだからです。

逆に、これを否定形にして unidentified とするとどうなるでしょう。unidentified flying object とは、正体不明の飛来物、つまり「未確認飛行物体」（= UFO）ということになります。

現代人はしばしば identity crisis に陥ると言われます。自分が何のために生きているのか、自己の存在理由や使命感に自信が持てなくなることから生じる心理的に不安定な状態を指す言葉です。

●語源
idem 〈ラテン語〉 同じもの

●単語
identity　アイデンティティ、自己同一性
identical　同じ
identify　同一物（人）であることを確認する
identity card　身分証明書
unidentified　当人（物）であることを確認できない
unidentified flying object　未確認飛行物体（＝ UFO）
identity crisis　自分が何のために生きているのか、自己の存在理由
　　　　　　　や使命感に自信が持てなくなることから生じる心理
　　　　　　　的に不安定な状態

# 43 アラビア語＋ラテン語＝艦隊司令官(admiral)

　ある言葉の由来がすっかり忘れられた結果が予想もつかない綴り字を生み出すことがあります。艦隊の司令官を意味する admiral がその一例です。

　この語の語源はアラビア語の amir でした。中世英語まではそのまますんなりと amiral の形で入ったのですが、「提督」といえば偉い人だからでしょうか、「尊敬に値する」を意味するラテン語 admirabilis からの類推が働いて a と m の間に d が入り、admiral という変形が生まれ、それが現在に伝えられることになりました。ロンドンにある提督府は the Admiralty と呼ばれています。

　ちなみに、これとは語源的に無関係のラテン語の形容詞 admirabilis の由緒正しい派生形は admirable です。ラテン語の動詞 admirari をベースにした英語には admire「尊敬する」、admiration「尊敬」、そして admirer「賛美者」などがあります。

●語源
amiral←amir 〈アラビア語〉 提督
admirabilis 〈ラテン語〉 尊敬に値する
admirari 〈ラテン語〉 尊敬する

●単語
admiral　提督、艦隊の司令官
the Admiralty　提督府（英国）
admirable　尊敬に値する
admire　尊敬する
admiration　尊敬
admirer　賛美者

# 44 ユートピア

「トピック」topic という言葉は日本語になりました。「話題」「論題」という意味ですが、もともと「場所」を表すギリシャ語の topos に由来する言葉です。

topography というと「場所（topos）の記述（graphy）」ですから「地形学」「地誌」。toponym は「地名」、toponymy は「地名学」という意味です。これは「場所」に「名前」を意味する同じくギリシャ語の onoma をつけてできた言葉です。

ところで「ユートピア」utopia は、トーマス・モア*が著した作品のタイトルで有名になりましたが、これは「理想郷」を意味します。この言葉は topia の前にギリシャ語の否定辞 ou をつけた造語で、原義は「どこにもない（ou）ところ（topia）」、「存在しない場所」という意味です。そこで utopian といえば「理想主義者」あるいは「空想的社会改革者」。その人の考え方は utopianism となります。

---

\* Thomas More（1478-1535）：イギリスの法律家、思想家。
国王ヘンリー8世に仕えるが、イギリス国教会に反対して

ユートピア　97

死罪となる。どこにもない理想の国を描いた著作『ユート
ピア』（平井正穂訳、岩波文庫）で政治や社会を風刺。

●語源
topos〈ギリシャ語〉 場所
graphy〈ギリシャ語〉 記述
onoma〈ギリシャ語〉 名前
topia〈ギリシャ語〉 ところ
ou〈ギリシャ語〉 どこにもない

●単語
topic　話題、論題
topography　地形学、地誌
toponym　地名
toponymy　地名学
utopia　理想郷
utopian　理想主義者、空想的社会改革者
utopianism　理想主義、空想的社会改革主義

# 45 都市と田舎

　suburb「郊外」。中学で習う単語です。これを sub-urb と分解してみましょう。urb はラテン語で「都市」を意味し、sub は、「下」とか「近い」とかいう意味ですから、「都市の近く」つまり「郊外」となります。

　形容詞は suburban。urb を形容詞化した urban は、urban population「都市人口」のように使います。近年さかんに問題となっている「都市化」は urbanization です。動詞は urbanize。

　ところで、「都市」の文化は「洗練されている」、「上品である」とみなされているので、urbanity といえば「洗練、上品、優雅」を意味します。複数形は「上品な立居振る舞い」という意味。ちょっと形を変えた urbane は、「上品な」、「あか抜けした」です。

　都市と反対の田舎を指すラテン語は rus で、これから派生した rur- から rural「田舎の、田園の」という言葉が生まれました。rustic は urban に対して「ひなびた、質素な」から「粗野な、無作法な」を意味します。

都市と田舎　99

●語源

sub〈ラテン語〉 下、近い

urb〈ラテン語〉 都市

rus〈ラテン語〉 田舎の、田園の

●単語

suburb 郊外

suburban 郊外の

urban 都市の

urban population 都市人口

urbanization 都市化

urbanize 都市化する

urbanity 洗練、上品、優雅

urbane 上品な、あか抜けした

rural 田舎の、田園の

rustic ひなびた、質素な、粗野な、無作法な

# 46 doubt の「b」

　英語の書き取りは中学生泣かせです。とにかく読まない字があるのですから。そのいい例が doubt。発音は［daut］で、b は読みません。これは、中世フランス語の douter から中世英語に入って douten へと変化した言葉で、その段階では b はなかったのに、17 世紀に入って突如として b が現れ doubt という綴りが生まれたのです。語源をさらにラテン語までさかのぼると dubitare に行き着きます。ここでは b がちゃんと発音されていました。このことに気づいた英国の物知りが、近頃は語源を知らない無学者がいて困るとでも考えたのでしょうか、語の由来を示す読まない b を挿入し、それが世に広まったものと思われます。

　この流れとは別に、ラテン語から直接造語されたいわゆる「学者語」になると、b がついているだけでなく、発音もされます。よく使われる言葉としては dubitable「疑わしい」、文語では dubitative「疑っている」、dubitation「半信半疑」などがあります。いずれもラテン語からの直接の造語です。

●語源
douten←douter〈フランス語〉 疑う
dubitare〈ラテン語〉 疑う

●単語
doubt 疑う
dubitable 疑わしい
dubitative 疑っている
dubitation 半信半疑

# 47 アメニティ

「アメニティ」amenity は、もともと産業革命のもたらした都市環境の悪化に対抗する思想を示す言葉として生まれたもので、日本でも、近年、公害問題や環境問題への関心の高まる中でよく耳にするようになりました。最近では『国語辞典』にも登場するようになりましたが、そこでは「住居内の器具や設備などを、便利さ快適さを旨として工夫し整えること」と説明されています。ホテルなどにおいてある「櫛」とか「歯ブラシ」などを、「アメニティ・グッズ」というのは、こうした意味の延長と考えればいいでしょう。英語では、このような客用設備は amenities と複数形で示します。

この言葉の語源は、「楽しい、魅力的な」を意味するラテン語 amoenus の名詞形 amoenitas が、中世英語の amenite を経て近代英語に入って amenity となったもので、特に場所とか環境の快適さに限られるものではなく、「（人柄などの）感じのよさ」を指すにも使います。

●語源
amoenitas←amoenus〈ラテン語〉 楽しい、魅力的な

●単語
amenity　快適さ、（人柄などの）感じのよさ
amenities　ホテルなどに置いてある櫛、歯ブラシなどの客用設備

# 48　レトロ

「レトロ」retro という言葉は日本語になりました。昔を想い起こさせるような服装や建物が目に入ると「レトロだね」などと言うでしょう。もともとこの言葉は「後ろに向かって」を意味するラテン語の retro に由来します。

これに「見る」specto から派生した -spective をつければ「後ろを見る＝回顧的な」となります。また、これに「行く」gradior から変化した -gress をつけて retrogress とやれば「元のところに戻る、後退する」となるわけです。ちなみにこれに「前へ」を意味する pro- をつけた progress が「前進する」を意味することはご存じのことでしょう。

retroact とは「後ろに向かって働く、反動的に働く」という意味で、法律などが「遡及効果を持つ」ことを指します。その形容詞形は retroactive。

レトロが「後ろ向き」であることがわかれば、宇宙船などのスピードを押さえるために逆噴射させる補助ロケットを retrorocket というわけも納得できるでしょう。

レトロ　105

## ●語源

retro 〈ラテン語〉 後ろに向かって
spective←specto 〈ラテン語〉 見る
gress←gradior 〈ラテン語〉 行く
pro 〈ラテン語〉 前へ

## ●単語

retro 懐古趣味の
retrospective 回顧的な
retrogress 元のところに戻る、後退する
progress 前進する
retroact 後ろに向かって働く、反動的に働く、（法律などが）遡及
　　　　効果を持つ
retroactive 後ろに向かって働く、反動的に働く、遡及効果を持つ
　　　　（形容詞）
retrorocket 宇宙船などのスピードを抑えるために逆噴射させる補
　　　　助ロケット

# 49 似て非なる sol-

「似て非なる」と言います。一見同じに見えるので、か
えってまごつきますが、英語の sol- のつく言葉などがそ
の一例です。

自然にやさしくということから注目を浴びている
solar energy「太陽熱利用エネルギー」ですが、たくさ
んの solar cell をつなげた solar battery で駆動する自動
車の存在が知られています。この sol は、「太陽」を意
味するラテン語の sol に由来します。

もう1つの sol で始まる言葉の例として solitary「ひ
とりぼっちの」、solitude「孤独」をあげましょう。こち
らの方は「唯一の」を意味するラテン語の solus が語源
です。これはイタリア語に入って「独奏」を意味する
solo「ソロ」になりました。

さらにもう1つ。solicit の sol はどうでしょう。これ
もラテン語からの派生語ですが、「強く求める」を意味
する solicitare がその語源で、前の2つとは無関係。英
語 solicit の意味は幅広く、「懇願する」「そそのかす」
から「（客の）袖を引く」までさまざまです。solicitor
となると「法務官」を意味し、solicitor-general は「法

似て非なる sol- 107

務次官」となります。

●語源
sol〈ラテン語〉太陽
solus〈ラテン語〉唯一の
solicitare〈ラテン語〉強く求める

●単語
solar energy　太陽熱利用エネルギー
solar cell　太陽電池
solar battery　太陽電池（蓄電池）
solitary　ひとりぼっちの
solitude　孤独
solo　独奏、ソロ
solicit　懇願する、そそのかす、（客の）袖を引く
solicitor　法務官
solicitor-general　法務次官

# 50 クリスマス・キャロル『ノエル』

　クリスマスの季節になると街にクリスマス・キャロルが響きわたります。その1つに『ノエル』があることをご存じでしょう。ノエルはフランス語で Noël と綴りますが、語源は natalis［dies］つまり「誕生の日」で、キリスト生誕の日のことです。

　natalis から直接出た言葉に natality がありますが、これは統計でよく使う「出生率」を意味します。

　natalis のもとをたどれば「生まれる」を意味する nasci にたどりつきます。nasci は nascor, natus と変化します。ここまで来ると、おなじみの言葉に結びついていきます。nation「国民」、nationalism「ナショナリズム」、nationalize「国営化する」、nationality「国籍」などがそれで、いずれも natus から派生した言葉です。

　意外に思うかもしれませんが、「自然」を意味する nature もこの仲間に入ります。「生まれた［ままの］」とでも考えればいいでしょうか。「その地固有の、生まれた土地の」を意味する native も同じです。Native American といえば「アメリカの先住民」ということになりますね。

●語源

natalis 〈ラテン語〉 誕生

natus←nascor←nasci 〈ラテン語〉 生まれる

●単語

natality 出生率

nation 国民

nationalism ナショナリズム

nationalize 国営化する

nationality 国籍

nature 自然

native その地固有の、生まれた土地の

Native American アメリカの先住民

## 51 カーナビ

「カーナビ」をつけた車が増えました。これは car navigation を日本流につづめた言い方で、人工衛星からの電波を地上で受信して、位置を表示する装置であることはご存じのとおりです。navigation の語源は、ラテン語の navis「船」と ig-<agere「進める」で、もともと船の航行に関して言われたものです。これは navy が、「陸軍」の army、「空軍」の air force に対し、「海軍」を意味していることからもわかるでしょう。

navigator といえば「航海者」のこと。navigation chart は「海図」だけでなく、飛行機の「空路図」をも指します。navigable は「(川や海が)航行可能である」という意味ですが、のちに意味が拡大し、自動車など陸上を走るものにも使われるようになり、一般に「操縦する」、「進む」を意味するようになっています。

さらに意味が広がって navigate は「操縦する」だけにとどまらず、navigate a bill through Parliament「(法案を)国会で通過させる」ことにまで拡張しているのは面白いですね。

navigate の -v を -u にした nautical も「船の」を意味

カーナビ　111

します。そこで nautical mile といえば「海里」のことです。こちらの方の語源はラテン語ではなく、ギリシャ語の、同じく「船」を意味する naus からつくられました。

　1954年に進水した世界最初の原子力潜水艦は「ノーチラス号」Nautilus と命名されましたが、これは有名なジュール・ベルヌの科学小説『海底二万里』に登場する「潜水艦」の船名です。ちなみに nautilus とはイカ、タコの仲間で生きた化石と言われる「オウムガイ」を意味します。

## ●語源

navis 〈ラテン語〉 船
ig←agere 〈ラテン語〉 進める
naus 〈ギリシャ語〉 船

## ●単語

car navigation　カー・ナビゲーション
navy　海軍
army　陸軍
air force　空軍
navigator　航海者
navigation chart　海図、空路図
navigate　操縦する
nautical　船の
nautical mile　海里
nautilus　オウムガイ
navigable　（川や海が）航行可能である、操縦する、進む
navigate a bill through Parliament　法案を国会で通過させる

## 52　本の中の本『聖書』

「バイブル」がキリスト教の『聖書』を指すことはご存じですね。もともとこの語は「本」を意味するギリシャ語の biblos に由来する言葉です。それが the Bible といえばキリスト教徒にとっては本の中の本とも言うべき『旧新約聖書』を指すようになりました。だから biblical quotation といえば「聖書」からの引用を意味します。

ところが英語ではこの biblos のもとの意味である「本」を指すのに biblio- を使うことがあります。たとえば bibliography。これは「文献一覧」「著書目録」を意味します。bibliographer は「書誌学者、書籍解題者」。本が好きでたまらない「愛書家、書籍収集家」は bibliophil となります。

この phil[os] もギリシャ語で「好みの」を意味します。philharmonic はもとは「音楽愛好の」という意味ですが、しばしば「交響楽団」を指します。フィルハーモニーはもう日本語になりましたね〔→ 6　何を「愛する」か？〕。

●語源
biblio←biblos〈ギリシャ語〉 本
phil[os]〈ギリシャ語〉 好みの

●単語
the Bible　旧新約聖書
biblical quotation　聖書からの引用
bibliography　文献一覧、著書目録
bibliographer　書誌学者、書籍解題者
bibliophil　愛書家、書籍収集家
philharmonic　音楽愛好の、交響楽団

## 53 外交

diplomat が外交官であることは知っていますね。形容詞は diplomatic、「外交的手腕のある、如才のない」という意味です。しかし diplomacy が「外交」を意味するようになったのは、比較的新しいことで 18 世紀末と言われています。

それ以前の時代には diplomatics といえば「公文書」を意味していました。当時 diplomatic science は、文書の信憑性を調べる学問のことで、外交とは無関係でした。この原義は現在「学位記」を意味する diploma の中に見ることができます。

ちなみに diploma は、「2 つに折った」を意味するギリシャ語 diploos に由来する言葉で、「2 つ折りした（紙）」のことでした。

●語源
diploos 〈ギリシャ語〉 2つに折った

●単語
diplomat　外交官
diplomatic　外交的手腕のある、如才のない
diplomacy　外交
diploma　学位記

外　交　117

## 54 コンプライアンス

「コンプライアンス」という言葉をよく新聞などで見かけるようになりました。「法令順守」などという訳語つきで。英語で書けば compliance となります。

compliance は動詞の comply から派生した抽象名詞ですが、そのもとをたどるとラテン語の compleo に行き着きます。compleo はさらに com と pleo に分かれますが、後者は「満たす」、com はそれを強めたものです。

動詞 pleo の形容詞形は plenus で、「満たされた」という意味です。ここまで来ると complete「完成させる」、complement「（足りないところを補って）全体にする」やその形容詞の complementary「補足的な」が、いずれも plenus に由来していることがわかるでしょう。

「（構成員の全員が出席して成立する）本会議、総会」を plenary session とか plenary meeting とかいうのも plenus の意味がわかれば納得がゆくと思います。

●語源
pleo〈ラテン語〉 満たす
com〈ラテン語〉 強調の接辞
plenus〈ラテン語〉 満たされた

●単語
compliance 法令順守
comply 規則に従って行動する
complete 完成させる
complement（足りないところを補って）全体にする
complementary 補足的な
plenary session, plenary meeting
　（構成員の全員が出席して成立する）本会議、総会

## 55 ガバナンス

「ガバナンス」という言葉をよく耳にします。「統治、管理、支配」と辞書にありますが、最近の用法としては「統治力、統治法」などの意味で用いられているようです。綴りは governance。この語は「政府」を指す government の類縁語ですが、「舵をとる」という意味のラテン語の動詞 guberno に由来する言葉です。船の舵をとるところから「導く、支配する、管理する」へと意味が拡大していきました。

governor は地方の「知事」ですが、銀行の「総裁」、協会などの「理事」の意味にも使われます。Governor General といえば昔の植民地などの「総督」を指す名称です。governing body といえば病院や学校の「理事会」や「評議会」を指します。

「舵をとる、導く」という guberno の原義は governess という言葉の中に残っています。これは「住み込みの女性家庭教師」の意味で、身近なところでは、映画『王様と私』に登場するアンナを思い出してください。彼女は *English governess at the Siamese court* という自伝を書きました。

＊映画『王様と私』：タイ（シャム）の近代化の先鞭をつけたラーマ4世モンクット王（1804-68）と、彼が王子たちの教育のためイギリスから招いた家庭教師アンナ・レオノウエンスとの間に繰り広げられた物語をミュージカル風に仕立てたアメリカ映画（1956年）。彼女の宮廷滞在記をもとにした小説が原作。封建的で頑迷な国王と近代国家の聡明な女性が対立しながら、次第に心を通わせていくという筋立ては史実との相違もあり、タイでは上映禁止となっている。

●語源
guberno〈ラテン語〉 舵をとる

●単語
governance　統治、管理、支配、統治力、統治法
government　政府
governor　知事、総裁、理事
Governor General　（英国の植民地における）総督
governing body　理事会、評議会
governess　住み込みの女性家庭教師

# 56 アカウンタビリティ

「アカウンタビリティ」という言葉をよく耳にします。もとの英語 accountability は、「説明責任」と訳されます。形容詞の accountable を辞書で引くと「説明する義務がある、説明できる」とありますが、もとになった動詞 account「説明をする」の語源を調べてみると、ラテン語で「数える」を意味した computare で、これが ad-(a-) のついた形でフランス語に入り（acont, acompt）、それが中世英語を経由して今日の account となった歴史がわかります。

　原義「数える」は、英語の account「計算、勘定」や accountant「会計係、経理士」などの中に残っています。

　ラテン語 computare のもう1つの流れは英語では compute「計算する」となりますが、これはコンピュータ computer へとつながり、おなじみの「コンピューターグラフィックス」computer graphics、「コンピューターゲーム」computer game などという言葉を生み出しました。

●語源
computare〈ラテン語〉 数える

●単語
accountability　説明責任
account　説明をする、計算、勘定
accountable　説明する義務がある、説明できる
accountant　会計係、経理士
compute　計算する
computer　コンピュータ
computer game　コンピューターゲーム
computer graphics　コンピューターグラフィックス

# 57 コンビニ

「コンビニ」を知らない人はいないでしょう。昼夜を問わずいつでも生活に必要な品が手に入るまことに便利な店です。英語の convenience store を日本流に省略したものですが、文字通り「便利な店」ということです。

convenience は「いっしょに con 来る venir、（つまり）集まる」を意味するラテン語の動詞 convenir から派生した言葉で、「好都合、便利な状態」と訳します。

これと語源を共にする英語に convene「参集する、会議を開催する」があります。名詞形は convention。こちらの方も「コンベンション」という日本語になりましたね。これは「会議」とともに「慣習、しきたり」をも意味します。と言えば、形容詞の conventional は想像がつきますね。「伝統的な、しきたりに従った」という意味です。conventionalism には「伝統尊重、慣例主義」といういささか後ろ向きのニュアンスがあります。

●語源
convenir 〈ラテン語〉 集まる

●単語
convenience store　コンビニ
convenience　好都合、便利な状態
convene　参集する、会議を開催する
convention　コンベンション、会議、慣習、しきたり
conventional　伝統的な、しきたりに従った
conventionalism　伝統尊重、慣例主義

# 58 ローマ法王選出会議

　退位されたローマ法王の後任選出をめぐって、conclave という見慣れない単語がニュースに登場しました。辞書には「（枢機卿による）法王選出会議」という訳がありますが、その語源は何でしょうか。

　この言葉はラテン語の con と clave からなっています。con は with、clave は key ですから、「鍵の付いた（部屋）」を意味しています。枢機卿が1人ひとりそこに入って投票する小部屋には、鍵が付いていることから、この言葉が生まれたことが想像されます。

　clave は英語の clavier「鍵盤」やピアノの前身となった clavichord の中に残りました。少し難しい言葉ですが、解剖用語の「鎖骨」は clavicle と言います。

　clave はフランス語に入って clef となりましたが、これは英語では C clef「ハ音記号」G clef「ト音記号」のように、音楽の音部記号として使われています。

●語源
con〈ラテン語〉 …の付いた（with）
clave〈ラテン語〉 鍵

●単語
conclave （枢機卿による）法王選出会議
clavier 鍵盤
clavicle 鎖骨
clef 音部記号
clavichord クラビコード（ピアノの前身となった鍵盤楽器）

## 59　「旧石器時代」から「半導体集積回路」時代へ

　考古学的時代区分に「旧石器時代」「新石器時代」の別のあることはご存じでしょう。英語では paleolithic age, neolithic age と言います。

　paleo-（palaeo-）と neo- は、それぞれ「古い」「新しい」を意味するギリシャ語です。paleography「古文書学」、paleontology「古生物学」、neoclassicism「新古典派」や neoplatonism「新プラトン主義」などのように用います。

　一方 lithic ですが、これはギリシャ語の lithos からの借用語で、「石」を意味します。lithography は「石版画」、lithology は「岩石学」。

　日常使われる言葉には monolithic があります。mono- は「単一の」を意味するギリシャ語ですので、monolithic といえばもともと「一枚岩の」を意味しましたが、そこから転化して「首尾一貫した」、「異論のない」から、さらには「継ぎ目のない」を意味するようになりました。最近進歩の著しい電子工学で「半導体集積回路」を monolithic circuit というのは、1枚の半導体基板上に作りつけられた電子回路だからでしょうか。

●語源
paleo 〈ギリシャ語〉 古い
neo 〈ギリシャ語〉 新しい
lithic←lithos 〈ギリシャ語〉 石
mono 〈ギリシャ語〉 単一の

●単語
paleolithic age 旧石器時代
neolithic age 新石器時代
paleography 古文書学
paleontology 古生物学
neoclassicism 新古典派
neoplatonism 新プラトン主義
lithography 石版画
lithology 岩石学
monolithic 一枚岩の、首尾一貫した、異論のない、継ぎ目のない
monolithic circuit 半導体集積回路

「旧石器時代」から「半導体集積回路」時代へ　129

# 60　共和国

　手紙の冒頭などに re とあるのを見たことがあります
か？　「～について」という意味で用いられますが、こ
の字は、「ふたたび」を表す repeat の re- とは無関係で
す。語源は「もの」とか「ことがら」を意味するラテン
語の res の変化形の１つ。よく知られている republic
「共和国」は「公の（publica）事柄（res）」からできま
した。

　res の変化形 realis から英語の real「（名目だけではな
い）真の、本物の」が生まれます。これは nominal「名
前だけの」に対立する語です。ここまで来ると、reality,
realism, realistic, realist などの意味がわかるでしょう。

　さらに res が「物」であることを知れば、realty が法
律用語で「不動産」であることも納得できると思います。
アメリカでは real estate というのが普通のようです。下
宿を見つけてくれる「不動産屋」さんは、real estate
agent。スコラ哲学でやかましい「実在論」realism と
「唯名論」nominalism との対立論議も、res の原義を知
れば理解しやすいのではないでしょうか。

130

＊スコラ哲学：スコラはラテン語の schola（学校）を意味し、中世ヨーロッパにおいて教会・修道院付属の学校や大学で研究された学問がスコラ学。哲学・神学を中心にあらゆる領域にわたる。普遍論争の両極として、普遍は個物に先立って存在するとする実在論と、普遍は個物の後に人間がつくった名称にすぎないとする唯名論が対立した。

●語源
realis←res〈ラテン語〉 もの、ことがら
publica〈ラテン語〉 公の

●単語
re 〜について
republic 共和国
real （名目だけではない）真の、本物の
reality 真実、事実
realism 現実主義、実在論
realistic 現実的な
realist 現実主義者
realty 不動産
real estate 不動産
real estate agent 不動産屋
nominalism 唯名論

共和国 131

# 61　ボーカル

　今ではすっかり日本語となった「ボーカル」は、「声楽、歌唱」の意味ですが、「ヴォーカル」と書いた方が原音 vocal に近いことは言うまでもありません。「ヴォーカリスト」vocalist は「歌手」。語源はラテン語のvocalis で、「音声の、発声の」ということ。さらに語源をさかのぼれば vox「声」に行き着きます。

　vocal chords は「声帯」。vocalize といえば、「(声帯を震わせて) 無声音を有声音にする」ことになります。

　vociferous という単語を見たことがありますか。「(特に抗議のためなどに) 大声で叫ぶ、騒々しい」を意味します。この言葉は、voci- と -ferous に分析できます。voci- は vox の変化形で「声」、-ferous は動詞 ferre の派生形で「生じる、含む」ですから、こういう意味になるわけです。

　そこで vociferous complaint といえば「やかましい不平の声」、vociferous dispute といえば「激しい論争」、vociferous protest といえば「声高な抗議」ということになります。

●語源
vocalis〈ラテン語〉音声の、発声の
voci←vox〈ラテン語〉声
ferous←ferre〈ラテン語〉生じる、含む

●単語
vocal　声楽、歌唱
vocalist　歌手
vocal chords　声帯
vocalize（声帯を震わせて）無声音を有声音にする
vociferous（特に抗議のためなどに）大声で叫ぶ、騒々しい
vociferous complaint　やかましい不平の声
vociferous dispute　激しい論争
vociferous protest　声高な抗議

## 62　エキゾチック

「エキゾチック」という英語は日本語の一部となって、「異国的、異国情緒のあるさま」という訳で、『広辞苑』にも載っています。「英和辞典」を見ると、exotic には「(1) 外国種の、外国産の、外来の、(2) 異国物らしい趣のある、(3) 珍しい、風変わりな、(4)（物理では）普通でない、素粒子」などの訳が見られ、いずれも「普通とは一風変わった」というニュアンスが感じられます。

　この語の語源は、ギリシャ語の exōtikós ですが、exō には、時間的に、場所的に「自分たちとは離れている」という意味が含まれています。そこで植物であれば、「外来種」に対して、「土地固有の、土着種」を意味する indigenous が、exotic の反対語としてあげられるわけです。

　アメリカなどの大学で、インドネシア語やタイ語などアジアの言語が、いまなお exotic languages と呼ばれるのは、欧米人にとって、こうした言語が、いまだに身近な西欧の諸言語とは別のカテゴリーに属する異質な言語と感じられているからでしょうか。

●語源
exō〈ギリシャ語〉（時間的に、場所的に）自分たちとは離れている

●単語
exotic　外国種の、外国産の、外来の、異国物らしい趣のある、珍し
　　　　い、風変わりな、（物理では）普通でない、素粒子
indigenous　土地固有の、土着種

エキゾチック　135

# 63 「父」なるもの

「型」、「模様」、「型紙」などを意味する「パターン」という言葉は、日本語の辞書にも載っています。英語のpattern も同じですが、14世紀の詩人チョーサー*はこの言葉を「お手本となるもの」の意味で使いました。語源は「父」を意味するラテン語の pater です。お父さんは子供の模範となるべき人と考えられたからでしょうか。

pater から直接派生したのが patron で、これは「保護者」です。そこから生まれた patronage が、「後援、保護」を意味することはご存じでしょう。動詞はpatronize。

意外なことに「愛国者」を意味する patriot も同じくpater に関係しています。「（父なる祖国）を愛する人」と考えれば納得できるでしょうか。

抽象名詞の patroriotism は「愛国主義」。「父なる祖国」という原義は、むしろ「同国人」compatriot の方に残っています。

もと「家長」を意味した patriarch は、キリスト教に入って「総大司教」となりました。ちなみに arch は「支配者」。patrimony は「父系の世襲財産」を意味しま

す。

* Geoffrey Chaucer（1343 頃–1400）：14 世紀イングランド
の "The father of English poetry"（英詩の父）と呼ばれる
学識豊かな大詩人。当時のイギリスでは、教会用語はラテ
ン語、政治は支配者ノルマン人貴族の言葉のフランス語が
教養ある者の言葉であったが、彼は民衆の言葉である中世
英語を使って執筆した最初の文人で、英語の定着・発展に
大いに貢献した。イギリス上流階級出身で、宮廷に仕え、
外交特使としてヨーロッパを広く旅した。イタリアの文
人・要人との交流の影響が代表作『カンタベリー物語』に
も見られる。

●語源
pater〈ラテン語〉父

●単語
pattern　型、模様、型紙、お手本となるもの
patron　保護者
patronage　後援、保護
patronize　後援する、保護する
patriot　愛国者
patroriotism　愛国主義
compatriot　同国人
patriarch　総大司教
arch　支配者、長
patrimony　父系の世襲財産

# 64 ザ・憲法

憲法論議が盛んになってきました。憲法は英語で constitution ですが、この語はもともと constituere すなわち stituere = to place に前綴りの con = together をつけたラテン語の動詞に由来する言葉で、to place together つまり「構成する、形成する」ということです。

その名詞形が constitution で、古くは「(ローマ皇帝の発した権威ある) 布告」などを指しました。英訳聖書の最初期に属するウィクリップ*の新約聖書でもこの意味で使われています。それが次第に今日の「憲法」を意味するようになったのは、1689年の「名誉革命***」と1789年の「フランス革命****」という2つの革命が契機であったと言われています。

constitutional は「憲法上の」、constitutionality は「合憲性」、constitutionalism は「立憲制、立憲主義」。否定の un- をつけて unconstitutional といえば「憲法違反の、違憲の」ということになります。

ちなみに「憲法改正」は a constitutional amendment。「憲法」という意味で使う場合には通常 the Constitution と大文字にします。

＊John Wycliffe（1328-1384）：14世紀のイギリスの聖職者で、当時その教えが絶対であったローマ・カトリック（キリスト教）の教義に反対し、聖書の教えへの回帰を提唱。イギリスが政治的・宗教的に教皇から独立することを主張し、100年後にヨーロッパを席巻する宗教改革の走りとなった。聖書の初めての英訳を手がけ、キリスト教をイギリスの民衆に広く浸透させることに貢献した。

＊＊新約聖書：『旧約聖書』と並ぶキリスト教の正典で、イエス・キリストの生涯と言葉（福音）がキリスト教の初代指導者たちによって紀元1世紀から2世紀にかけて書かれたもの。「新約」とは、「新しい約束」ということで、イエス・キリストによって神との契約が更新されたとの考えからである〔→95 ATMの註〕。『新約聖書』の初めての英訳は、イギリスでウィクリッフの指導により14世紀に明瞭で力強く民衆にも読みやすいものが手書き（写本）で作られ、それは後に国家的事業として印刷・出版され、広く浸透したKing James版（1611年完成）の基盤となった。

＊＊＊名誉革命：専制的な王政とカトリック化政策を進めるイギリスのジェイムス2世を、議会の指導者らが1688-89年に追放した革命。反国王派はプロテスタントの王女メアリとその夫であるオランダのオレンジ公ウィリアムに救援

を求め、メアリ2世とウィリアム3世が共同即位した。寛容法と権利章典が制定され、議会主権を保障する立憲君主制が確立した。ジェイムス2世は国外に逃亡し、混乱や流血がなかったことから、名誉革命と言われる。

****フランス革命：1789–99年にフランスで起きた市民革命。1789年7月の民衆によるバスティーユ監獄の襲撃に始まり、国民議会は封建制の廃止、人権宣言の公布、教会財産の国有化などを行なった。1792年ルイ16世は処刑され、共和制が成立した。周辺諸国との革命戦争やロベスピエールの恐怖政治を経て、1799年のナポレオンのクーデターで第1帝政が成立した。革命の理念（自由・平等・博愛）と諸制度は現代世界にも影響を残している。

●語源
constituere 〈ラテン語〉 構成する、形成する

●単語
the Constitution　憲法
constitutional　憲法上の
constitutionality　合憲性
constitutionalism　立憲制、立憲主義
unconstitutional　憲法違反の、違憲の
a constitutional amendment　憲法改正

ザ・憲法　141

## 65　エスプレッソ・コーヒー

　exprimere というラテン語があります。「圧力を加え
る、搾り出す」などという意味で、過去分詞形は
expressus。ここからいろいろな言葉が生まれました。
まずコーヒー専門店ならおなじみの「エスプレッソ」
espresso。これはイタリア語ですが、そのまま英語に入
りました。「細かく挽いた豆に高圧の蒸気を通してつく
る濃いコーヒー」ですが、原義が生きています。

　次に中学生でも知っている英単語の express。「(考え
などを) 表現する」という意味ですが、うまい言い方が
わからず、うんうんうなっている人などを見ると、もと
の意味が納得されるでしょう。

　もう1つ「急行」という意味の「エクスプレス」。こ
れは、「目標駅に向かって『真一文字に』expressly 走る
汽車」ということから出た表現と語源辞書に見えていま
す。アメリカの高速道路は express way。20 世紀初頭に
起こった芸術運動の「表現主義」が expressionism と名
づけられたのは、そこに芸術家の主観が強く押し出され
て表現されているからでしょうか。

142

＊表現主義：20世紀初頭にドイツを中心に起こった芸術運動。印象主義や自然主義への反発として、作家の主観的感情表現を追求した。絵画ではムンクやカンディンスキー、音楽ではシェーンベルク、建築ではタウトらが代表的存在。

●語源
expressus←exprimere 〈ラテン語〉 圧力を加える、搾り出す

●単語
espresso　エスプレッソ・コーヒー
express　表現する、急行
expressly　真一文字に
express way　高速道路
expressionism　表現主義

# 66　トレーニング

「トレイン」が汽車であることは子供でも知っています。同時に「トレーニング」という英語もすっかり日本語として定着しています。「トレーニング・センター」とか「トレーニング・シューズ」などは、日本語に訳すとかえってわけがわからなくなりそうな言葉です。いうまでもなく、もとの英語は train と training です。

　動詞の to train はラテン語の trahere から変化した単語で、「引きずる」「引っ張る」というのが原義でした。そこから「訓練する」「しつける」という意味が出てきました。

　train が「汽車」厳密に言えば「列車」を意味するようになったのは、どうやら 19 世紀なかば以降のことで、発明されたばかりの蒸気機関車が、長い長い客車の行列を引っ張って走る様子を見た人々が、これを train と呼んだのが始まりとされています。この言葉はフランス語でも le train として使われるようになりましたが、時期は 1830 年代とされています。

●語源
trahere 〈ラテン語〉 引きずる、引っ張る

●単語
train 訓練する、しつける、列車

トレーニング　145

# 67　ヴァカンス

　有給休暇も残しがちな日本のサラリーマンにとっては夢のような話ですが、「ヴァカンス」というフランス語だけは、旅行会社の広告媒体を通じて日本語になってしまったようです。これにあたる英語は vacation です。この言葉もまた、「ヴァケーション」として普通に使われています。

　語源はいずれも「空っぽの、〜から自由な、暇な」を意味するラテン語の vacuus。その派生形の vacuum は「真空」の意味で、これを使ったおなじみの言葉に「真空掃除機」vacuum cleaner、「魔法瓶」vacuum bottle、それに今ではあまり使われなくなった「真空管」vacuum tube があります。

　動詞の vacate は「からにする、立ち退く」の意味です。形容詞形の vacant は「空席の、人が住んでいない」ということ。名詞の vacancy は「空席、欠員」ですから、家や部屋の前に vacancy とあれば、「空き家」、「空き間」ということになります。

●語源

vacuus 〈ラテン語〉 空っぽの、…から自由な、暇な


●単語

vacation　ヴァケーション

vacuum　真空

vacuum cleaner　真空掃除機

vacuum bottle　魔法瓶

vacuum tube　真空管

vacate　からにする、立ち退く

vacant　空席の、人が住んでいない

vacancy　空席、欠員、空き家、空き間

# 68 パラダイム

「理論的枠組み」を意味する「パラダイム」paradigm は日本語になりました。「パラダイムシフト」paradigm shift といえば、天動説から地動説への変化など「考え方の転換」を指します。「パラダイム」の原語は「(典型的な) 例、実例」を意味するギリシャ語の parádeigma で、それが後期ラテン語の paradigma を経て英語に入りました。

parádeigma は動詞の parádeiknumi が語源で、これは「並べて」para-「示す」deiknumi という意味です。そこから「パラダイム」の「例、模範、典型」などという意味が出てきたようです。

「並べて示す」という意味が一番はっきり見えるのは、古典語の名詞や動詞の活用変化表を指す場合で、たとえば次のようなラテン語の動詞 amāre「愛する」の変化表は「パラダイム」と呼ばれます。

|       | 単数   | 複数    |
|-------|-------|--------|
| 1人称 | amō   | amāmus |
| 2人称 | amās  | amātis |
| 3人称 | amat  | amant  |

●語源
paradigma〈ラテン語〉←parádeigma〈ギリシャ語〉（典型的な）
　　　　　　　　　　　　　　　　　　　　　例、実例
para〈ギリシャ語〉　並べて
deiknumi〈ギリシャ語〉　示す

●単語
paradigm　例、模範、典型、理論的枠組み
paradigm shift　考え方の転換

# 69 アドレス

今では日本語となってしまった「アドレス」が、「住所」を意味する英語 address であることは中学生でも知っています。この語はラテン語の「まっすぐ」を意味する directum から来た言葉で、「まっすぐ（にする）」というのが原義でした。このもとの意味は英語の direct に見られます。ゴルフで球を打つときの構えを「アドレス」と言いますが、ここに原義が残っていると言えるでしょう。英語では to address the ball と言います。

address は、「住所」のほか「開会の辞」an opening address とか「大統領演説」the presidential address など「演説」の意味にも使われるようになりました。「言葉や話を～に向ける」のだと考えれば、この意義変化は理解できるでしょう。

address を動詞として使えば、「話しかける、呼びかける」「宛名を書く」。The letter was wrongly addressed. は「手紙は宛先が間違っていた」ということ。ちなみに address の語頭の ad- は、英語の to と同じです。

●語源
directum〈ラテン語〉 まっすぐ（にする）
ad〈ラテン語〉 …に

●単語
address　住所、ゴルフで球を打つときの構え、演説、話しかける、
　　　　　呼びかける、宛名を書く
direct　まっすぐな
an opening address　開会の辞
the presidential address　大統領演説

アドレス　151

# 70 トイレ

「トイレ」を知らない人はいないでしょう。英語の「ト
イレット」toilet はフランス語 toilette の借用で、もっぱ
らアメリカで W.C. = water closet「お手洗い」の意味で
使われています。

toilette はもともと toile「布地」の縮小形で、洗顔、
整髪、髭剃りなど、もっぱら「(布をまとって)身づく
ろいすること」でした。この語が英語に入ったのは 16
世紀ですが、その時には「着物を包む布」を指していま
した。それが 17 世紀に入って「髪づくろいをする時に
肩にかける布」へと意味が変わり、次の世紀では、「髪
づくろい」という行為そのもの、あるいはその場所であ
る机を意味するようになり、さらに 19 世紀になると、
そうした机のある化粧部屋へと意味を転じていきました。

She actually spent an hour longer at her toilette…とい
うワシントン・アーヴィング[*]の小説の一節は、念入りに
お化粧する婦人を表現しています。こうした部屋には机
だけでなく、次第に洗面のための施設や、風呂などが設
けられるようになり、それがアメリカで W.C. へと意味
が限定され、そこから日本語に入ってもっぱら「便所」

を指すようになったというわけです。

* Washington Irving（1783-1859）：19世紀のアメリカの小説家、随筆家、伝記作家、歴史家、法律家。スペイン語やドイツ語などにも堪能で、伝記・歴史物では、ジョージ・ワシントンやコロンブス、イスラム教開祖のムハンマドを扱うなど幅広い。彼はヨーロッパで認められた最初のアメリカ人作家の１人で、アメリカ人作家の著作権の確立に寄与した。代表作に短編『リップ・ヴァン・ウィンクル』（*Rip van Winkle*）がある。これは、アメリカ版浦島太郎物語とも言え、和訳した森鷗外は『新世界の浦島』と題した。ちなみに、日本の「浦島太郎」の英訳の題名は *Urashima：A Japanese Rip van Winkle* である。

●語源
toile〈フランス語〉 布地
toilette〈フランス語〉（布をまとって）身づくろいすること（原義）

●単語
toilet　トイレット
water closet ＝ W.C.（お手洗い）

# 71  GDP

GDP が「国内総生産」の略であることはご存じでしょう。辞書には「国民総生産から国外投資の利益を引いたもの」という説明があります。英語 gross domestic product の domestic は「国内の」ということで、domestic airline は international airline「国際航空」に対して「国内航空」を指す言葉です。

domestic には、このほか「家庭の、家内の」という意味もあります。domestic industry は「家内工業」。これから派生した動詞 domesticate には「(動物などを)飼いならす」という意味があります。これらの語源はいずれもラテン語の「家」を意味する domus です。とすれば domicile も想像がつくでしょうか。これは堅苦しい法律用語で「住所」を指します。

一見関係がないように見えますが、同じ domus から出た語に dome があります。「丸天井、大伽藍」のことですが、これは domus がイタリア語 duomo となって「大伽藍」を意味するようになり、それからフランス語の dôme を経由して英語に入りました。

●語源
dôme〈フランス語〉←duomo〈イタリア語〉 丸天井、大伽藍
domus〈ラテン語〉 家

●単語
domestic 国内の、家庭の、家内の
domestic airline 国内航空
international airline 国際航空
domestic industry 家内工業
domesticate （動物などを）飼いならす
dome 丸天井、大伽藍

## 72 ダイエット

　栄養の取りすぎによる肥満が健康の妨げになるということで、「ダイエット」という言葉が新聞などにしばしば登場します。英語 diet からの借用ですが、diet はもともと「食物一般」を指す言葉でした。

　その語源にあたるギリシャ語の diaita にまでさかのぼると、意味がさらに広くなり、「暮らし方」way of living から「住まい」dwelling までを意味していました。それが現在のように「(減量・健康のための) ダイエット」と意味が変わりはじめたのは、英国の詩人チョーサー[*]の作品『カンタベリー物語』で、ここでは diet がある場所では「食物」、また別のところでは近代的な「ダイエット」の意味で使われています。

＊チョーサー〔→ 63「父」なるものの註〕

156

●語源
diaita〈ギリシャ語〉 暮らし方、住まい

●単語
diet ダイエット、食物一般
way of living 暮らし方
dwelling 住まい

ダイエット 157

# 73 パーラー

「パーラー」parlor という言葉を国語辞書で引くと、「軽飲食店」という訳語が出ていますね。町を歩いていると、「フルーツパーラー」などという看板がよく目に付きます。飲食店ばかりではありません。時には、「パーラー」という名前がついた「パチンコ店」まで登場します。

parlor は「話す」を意味するフランス語 parler から出た言葉です。「訪ねてきたお客さんとの会話を楽しむ小部屋」というのがもとの意味でした。このような「談話室」である parlor は、13 世紀頃までは、修行中、おしゃべりが禁止されていた修道院の中で、来客と会話を交わすことが許される小部屋を指していました。それが 14 世紀になると、大邸宅の中で内輪の会話を交わす小部屋を意味するようになり、さらに下って一般家庭の団欒の間を指すようになりました。いずれも「話す」ことと関係しています。

とすれば、フルーツを食べながらおしゃべりをする店を「フルーツパーラー」と呼ぶのはいいとしても、会話を交わす暇のない「パチンコ店」にまで「パーラー」を使うのは行き過ぎですね。

●語源
parler 〈フランス語〉 話す

●単語
parlor パーラー、軽飲食店

# 74 インフラ

「インフラ」という言葉が新聞などによく登場します。日本語の辞書にも「インフラストラクチャー」の略と出ています。英語で書けばinfrastructure。structure は「構造」ですから「下部構造」つまり「生活や産業発展の基礎となる基本的な施設や設備」を指します。

infra はもともとラテン語で「下に、下位にある」という意味でした。その反対はsupra。いずれもイタリックにしてそのまま英語の中でよく使われています。文中に *infra* とあれば「下記に」に、*supra* とあれば「前記に」の意味です。

「赤外線」をinfrared というのは、スペクトラムで可視の赤色光に隣接している不可視光だからです。infrasonic といえば周波数が低く耳に聞こえない「不可聴音」のこと。

一方supra の方は、「上に、超えた」を意味しますから、suprarational は「理性を超越した」、supranational は「超国家的な」という意味。

これに「人間の世界」を意味する mundus から派生した mundane「現世の」をつけた supramundane は「超

現世的な、霊界の」を指します。

---

●語源
infra〈ラテン語〉　下に、下位にある
supra〈ラテン語〉　上に、超えた
mundus〈ラテン語〉　人間の世界

●単語
infrastructure　インフラストラクチャー、生活や産業発展の基礎と
　　　　　　　　なる基本的な施設や設備
infra　下記に
supra　前記に
infrared　赤外線
infrasonic　不可聴音
suprarational　理性を超越した
supranational　超国家的な
mundane　現世の
supramundane　超現世的な、霊界の

---

インフラ　161

# 75　イノベーション

「イノベーション」innovation という英語は、それを大臣の担当にまで使われるようになり、日本語になってしまったようです。意味は「革新、新機軸」ということでしょうか。

これを in-nova-tion と分けてみると、意味の中核が nova- にあることがわかります。これは「新しい」を意味するラテン語の形容詞 novus の変化形で、動詞の novāre は「新しくする」、in- のついた innovāre は「更新する」を意味します。NOVA という英語学校がありましたが、意味は天文学で言う「新星」のことです。

ところで、novel という語は「斬新な」を意味し、その名詞形は novelty ですが、novel を見てすぐ思い出すのは、むしろ「長編小説」の方ではないでしょうか。novel は 15 世紀にはまだ「新しい」という意味でした。それが 16 世紀になると、たとえばボッカチオ*の『デカメロン』などに出てくる短い物語を意味するようになり、さらに 17 世紀に入ると、現在のような「散文の物語」を指すようになったようです。

ちなみに novice「初心者、見習い僧」、noviciate「見

習い僧の身分」などという言葉の中にも novus の原義が残っています。

* Giovanni Boccaccio（1313-75）：イタリアの作家・詩人。シェイクスピアやチョーサーなどイギリスの作家に影響を与えた。代表作、『デカメロン』（10日物語）。

●語源
nova←novus〈ラテン語〉 新しい
novāre〈ラテン語〉 新しくする
innovāre〈ラテン語〉 更新する

●単語
innovation 革新、新機軸
nova 新星
novel 斬新な、長編小説
novelty 斬新さ
novice 初心者、見習い僧
noviciate 見習い僧の身分

# 76 ホワイトカラー・エクゼンプション

「ホワイトカラー・エクゼンプション」という耳慣れない言葉が新聞に登場するようになりました。一部の「ホワイトカラー」を労働時間の規制から除外し、それによって残業代を払わなくてもよくなる制度とされ、労働組合が導入に強く反対しました。

「エクゼンプション」の英語は exemption。動詞は exempt で、「（試験や兵役や税などの義務や責任など）を免除する」という意味です。

この制度の導入を提起した財界は、exemption を、一部のホワイトカラーに対する「労働時間の規制の〈免除〉」と見ているのに対し、組合の方は、これによって、「残業代の支払いが〈免除〉」されるようになる制度と理解したことから生じた食い違いではないでしょうか。

exemption from taxation「課税免除」、exemption from military service「兵役免除」、exemption from the penalties「刑の免除」などという用法を見ると、組合側の疑問もわかります。

逆に、exempt carrier というと、「タクシー業などのサービス業や農産物などを運ぶ業者」を指し、これは通

商法などの規定の適用を免除された運輸会社を意味しますから、企業側の考え方に近いと言えるでしょう。

いずれにせよ、こなれない英語をそのまま使ったことに始まる混乱と言えるでしょう。ちなみに exemption の語源はラテン語の eximere で、「取り去る」「除く」「例外とする」を意味します。

●語源
eximere〈ラテン語〉 取り去る、除く、例外とする

●単語
exempt（試験や兵役や税などの義務や責任などを）免除する
exemption　免除
exemption from taxation　課税免除
exemption from military service　兵役免除
exemption from the penalties　刑の免除
exempt carrier　タクシー業などのサービス業や農産物などを運ぶ業者

ホワイトカラー・エクゼンプション　165

# 77 「楽観主義者」と「悲観主義者」

optimist と pessimist は、日本語に入って「楽観主義者」と「悲観主義者」の意味で普通に使われていますが、この言葉が作られたのが 18 世紀で、有名な哲学者で数学者でもあったあのライプニッツ*の思想に由来するという歴史はあまり知られていません。

抽象名詞形の pessimism の方は、optimism にならって、やはり 18 世紀に造語されました。

optimism の語源は「最善の度合い」を表すラテン語の optimum で、英語ではそこから optimize「楽観する、最大限に活用する」という動詞や、形容詞の optimal「最上の、最適の」が生まれました。

optimum はそのままの形で英語に入り、「最適条件、最高度、最大限」を意味します。optimum の反対の pessimum は、「最悪な度合い、最悪の環境」。

optimal の反対は pessimal で「最悪の」、pessimize は「悲観する、厭世観をいだく」を意味します。I am a bit of an optimist. I always look in the bright side of things. を日本語流に言えば「わたしは人生を前向きに生きる」とでもなりましょうか。

\* Gottfried Wilhelm von Leibnitz（1614–1716）：ドイツの哲
学者・神学者・数学者。微分学・積分学を形成。

●語源
optimum〈ラテン語〉 最善の度合い

●単語
optimist　楽観主義者
pessimist　悲観主義者
optimism　楽観主義
pessimism　悲観主義
optimize　楽観する、最大限に活用する
optimal　最上の、最適の
optimum　最適条件、最高度、最大限
pessimal　最悪の
pessimum　最悪な度合い、最悪の環境
pessimize　悲観する、厭世観をいだく

# 78 「火」の神様アグニ

「アグニ」agni は、古代インドの「火」の神様です。この神様は、太陽や稲妻や祭火などいろいろな形でその姿を現すと言います。インド最古の古典『リグ・ヴェーダ*』には、アグニ神に対する多くの賛歌が見られます。

agni はラテン語では ignis という形をとり、「火」を意味しますが、これが英語の動詞 ignite の語源です。ignite a rocket といえば、「ロケットに点火すること」。抽象的に用いて ignite interest とすれば、感情などを「燃えたたせる」「関心に火をつける」という意味。自動車に乗っていざスタートという時にポケットから取り出すのは ignition-key で、これを用いてエンジンの ignition「始動装置」を起動させることはよくご存じでしょう。

ignis に「生まれる」を意味する nascent をつけた形容詞の ignescent は、「火花を発する」「激しやすい」という意味です。

ラテン語がそのまま英語に入って使われている表現に ignis fatuus があります。これを直訳すれば foolish fire、「鬼火」「きつね火」のことですが、転じて人をまどわす

168

「幻想」ということになります。

＊リグ・ヴェーダ：紀元前13世紀にまでさかのぼる、イン
　　ド最古の宗教文献の1つ。神々への賛歌や神話から成る。

●語源
ignis〈ラテン語〉 火
nascent〈ラテン語〉 生まれる

●単語
ignite　火をつける
ignition　始動装置
ignescent　火花を発する、激しやすい
ignis fatuus　鬼火、きつね火、幻想

# 79　原理主義

「ファンド」fund は日本語になりました。『広辞苑』には「基金、資金」とあります。もともとは「基礎、基底」を意味するラテン語の fundus でした。これに -ment をつけた fundament は、「基礎、基盤」から「肛門」までを指す言葉ですが、英語ではこれに -al をつけた形容詞形 fundamental の方がよく使われます。

「ファンダメンタリズム」fundamentalism は、テロとの関係で、近年新聞紙上を賑わしていますが、もともとは「根本原理を忠実に遵奉する運動」という意味でした。

　fund- は中世英語に入ると母音が変わって found- となります。とすると近代英語の found「基礎を据える」、foundation「基礎」がその派生語であることに気づくでしょう。founder は「創設者、設立者」です。

　これと同形で意味が全く違う言葉に founder「鋳物師」、foundry「鋳物工場、鋳造場」があります。これもラテン語に由来する言葉ですが、語源となった動詞が違います。前者は fundāre「基礎を置く」、後者は fundere「注ぐ、溶かす」で、まったく別の言葉なのです。このあたりに語源探索の面白さがありそうですね。

●語源

fundus 〈ラテン語〉 基礎、基底
fundāre 〈ラテン語〉 基礎を置く
fundere 〈ラテン語〉 注ぐ、溶かす

●単語

fund　基金、資金
fundament　基礎、基盤、肛門
fundamental　基礎的な
fundamentalism　ファンダメンタリズム、原理主義
found　基礎を据える
foundation　基礎
founder　創設者、設立者、鋳物師
foundry　鋳物工場、鋳造場

原理主義　171

# 80 シンコペーション

「シンコペーション」という言葉をご存じですか？　音楽用語では「切分音」などという難しい訳語がついていますが、やさしく言えば、ジャズを特徴づける「ブン・チャッチャ」というあのリズムのことです。綴りはsyncopation。

　この言葉を語源にさかのぼると、ギリシャ語のsyncopé にたどり着きます。意味は「短くすること」で、動詞の coptó「切り落とす」からできた言葉です。

　syncopation は、文法用語として使われると「語中音消失」となります。これまた難しい訳語ですが、never を ne'er にしたり、every を ev'ry にしたり、さらには pacificist を pacifist などとする現象を指します。いずれの場合も、何かが「消えること」あるいは「落ちること」に関係しています。

　とすれば、syncope の形で医学用語に入ったとき、何を指すのか想像してみてください。辞書を引くと、"brief loss of consciousness"と書いてあります。つまり「脳貧血による一時的な意識の喪失」、日本語に直せば「卒倒」とか「気絶」を意味します。「音楽」、「文法」、「医

172

学」というと一見無関係に見えますが、語源を知れば、
それらがたがいに結び合っていることがわかるでしょう。

●語源
syncopé 〈ギリシャ語〉短くすること←coptó 〈ギリシャ語〉切り落
とす

●単語
syncopation　切分音、語中音消失
syncope　卒倒、気絶

# 81　glocalize

　日本語では一言で言えないが、英語では一言で言えることがあります。locate などがその一例と言えるでしょう。辞書には「位置を定める」とか「ありかを突き止める」とあります。語源はラテン語の locus「場所」ですが、これが英語に入っていろいろに用いられています。

　形容詞の local は、もともとは「場所の」という意味ですが、中央に対して、ある特定の地方を指します。local government といえば「地方自治体」、local time といえば「現地時間」、localize は「局限する」、「地方化する」こと。日本語になった「ロケ」は location の略で「野外の撮影場所」を指します。

　近ごろ「世界的規模で均一化する」という意味で、「グローバライゼーション」globalization という言葉がよく使われますが、こうした風潮の中で地方の特性を強調しようとして glocalize という言葉が発明されました。この新語は辞書には未登録のようですが、globalize と localize を組み合わせてできた言葉です。

　ついでのことながら、引用文献などでよくお目にかかる *loc.cit.* という表現を知っていますか。*loco citato* とい

うラテン語の省略形で、「先に引用した部分」を指すことを覚えておきましょう。

●語源
locus〈ラテン語〉 場所

●単語
locate 位置を定める、あり場所を突き止める
local 場所の、地方（の）
local government 地方自治体
local time 現地時間
localize 局限する、地方化する
location ロケ、野外の撮影場所
globalization 世界的規模で均一化すること、世界化、地球化
globalize 世界的規模で均一化する
*loc.cit.*（*loco citato*）先に引用した部分

## 82　タクシー

「タクシー」は他に言い換えができないほどなじみ深い言葉になりました。辞書には「街中や一定の場所で客の求めに応じて乗せる営業用自動車」という説明がありますが、この英語の原語は taximeter つまり「自動運賃表示器」で、それを略したのが taxi というわけです。

この語は、英語に入った時期から輸入者まで特定されています。1907 年の 3 月に Harrry N. Allen という人が、タクシーメーターの付いた 4 気筒 16 馬力の自動車をフランスから輸入したのが始まりのようです。

ちなみに taxi は tax に由来しますが、tax はいうまでもなく「税金、租税」の意味です。その語源は「計算する、見積もる」という意味の古典ラテン語 taxāre です。それが中世ラテン語に入ると「税をかける」という意味に変化し、中世英語を経て、現代英語の tax になりました。

面白いのは taxi がまったく別の意味を持つ動詞として使われていることです。「飛行機が駐機場から滑走路へ自らの動力で移動する」という意味ですが、形こそ似ていますが、tax とは無関係。これはギリシャ語の taxis

「速やかに（動く）」から来た言葉です。形が似ているからといって同じ語源と考えてはいけない例と言えるでしょう。

●語源
taxāre〈ラテン語〉 計算する、見積もる
taxis〈ギリシャ語〉 速やかに（動く）

●単語
taxi タクシー
tax 税金、租税
taxi （動詞）飛行機が駐機場から滑走路へ自らの動力で移動する

## 83　トンネル

「国境の長いトンネルを抜けると雪国であった」

　川端康成*の『雪国』の冒頭の一節です。川端の作品に登場した「トンネル」は、もう日本語だと考えていいでしょう。英語の tunnel が現在のように「鉄道、道路、水路などを通すために山腹、河底、海底もしくは地下に貫く通路」(『広辞苑』)を意味するようになったのは、ようやく 18 世紀のこと。それが特に鉄道のトンネルを指すようになるのは 19 世紀の話です。15 世紀には、鳥を捕まえるための口が広く中は筒状になっている「わな」のことでした。今でも tunnel net「袋網」という言葉が残っています。

　中世英語では中世ラテン語同様で、「樽」の意味でした。それが 16 世紀になって「煙突やパイプのシャフト」を意味するようになり、18 世紀に入ると、地下に掘った通路を指すようになりました。いずれも中空であることに共通点があります。地下通路といっても、初めはとりわけ、石炭船を通すために運河に掘った「トンネル」のことでした。今の「トンネル」の意味になったのは 1765 年であると研究社の大英和は特定していますが、

その辺の歴史は調べてみると面白いかもしれません。

\*川端康成（1899-1972）：日本の小説家。代表作として『伊
　豆の踊り子』『雪国』『山の音』『古都』など。日本人初の
　ノーベル文学賞受賞者。

---

●語源
tunnel〈ラテン語〉樽

●単語
tunnel　トンネル
tunnel net　袋網

---

トンネル　179

# 84　水

　ギリシャ語で「水」は hydor ですが、英語にはこれ
を使った言葉がたくさんあります。hydrogen は「水素」、
したがって「水素爆弾」は hydrogen bomb、略して
H-bomb となります。町でよく見かける「消火栓」は
hydrant。hydraulic power plant といえば「水力発電所」。
hydrofoil は「水中翼船」。hydrophobia は「恐水病」。

　ちなみに phobia は「恐怖症」で、xenophobia は「外
国人恐怖症」(xenos は「外国人」のこと)。

　hydrology は「水文学」、hydrography は「水路学」、
hydraulics は「水力学」等々、hydro- から水にちなんだ
さまざまな言葉が作られています。土壌を使わず、栄養
分を溶解した溶液で植物を栽培する「水耕法」は
hydroponics と言います。hydrophone が潜水艦などの
位置を探知する「水中聴音機」であることなどは、これ
までの知識を総動員すれば類推できるのではありません
か。

　最後に「ヒドラ」Hydra といえばギリシャ神話に出て
くる怪物の名前ですが、星座の名前としては「うみへび
座」を指します。

180

●語源

hydor〈ギリシャ語〉水

xenos〈ギリシャ語〉外国人

●単語

hydrogen　水素

hydrogen bomb（H-bomb）　水素爆弾

hydrant　消火栓

hydraulic power plant　水力発電所

hydrofoil　水中翼船

hydrophobia　恐水病

phobia　恐怖症

xenophobia　外国人恐怖症

hydrology　水文学

hydrography　水路学

hydraulics　水力学

hydroponics　水耕法

hydrophone　水中聴音機

Hydra　ギリシャ神話に出てくる怪物ヒドラ、うみへび座

## 85 ビンテージ

いつのころからか「ビンテージ」という言葉が流行り始めました。ジーンズ、ボストンバッグ、スニーカーからライター、美容品にいたるまで、「ビンテージもの」の人気が高まっています。驚くことに「ビンテージもの」には家電製品までが含まれるようになりました。いうまでもなくこれは英語の vintage ですから、より正しくは「ヴィンテージ」と書くべきでしょう。

vintage の vin- は、ラテン語の vînum が語源で、ワインつまり「ぶどう酒」。それに「取っていく、収穫する」を意味する dêmere の名詞形 dêmia がついた vindêmia は、もともと「ぶどうの収穫」を意味しました。それが中世フランス語、フランス語を経るうちに形が変わって vintage となったという訳です。

英和辞典には「(ある年の)ぶどうの収穫」という訳に続いて、「ある年の(農)産物、特に古い型」という意味がついています。それが「古風な」と一般化されるようになったというわけです。ロールスロイスなどのような古典的な車は「ヴィンテージ」の代表と言えるでしょう。

それにしても、ジーンズやスニーカーやライターから「ヴィンテージな山岳温泉ホテル」まで現れるとは。新しもの好きの反動なのでしょうか。

●語源
vînum〈ラテン語〉 ぶどう酒
dêmia←dêmere〈ラテン語〉 取っていく、収穫する
vindêmia〈ラテン語〉 ぶどうの収穫

●単語
vintage （ある年の）ぶどうの収穫、ある年の（農）産物、特に古い型、古風な

# 86 「デジタル」と「アナログ」


　最近「デジタル」digital と「アナログ」analog という言葉をよく耳にします。辞書によると「アナログ」とは「ある量またはデータを連続的に変化しうる物理量（電圧など）で表現すること」。これに対して「デジタル」とは「ある量またはデータを、有限桁の数字列として表現すること」とあります。

「デジタル」の時計は、1分の次はすぐ2分となりますが、「アナログ」の時計の針は、1分から2分へと連続的に動いていきますね。analog の語源はギリシャ語 analogos で、「類似物、類比」という意味です。「アナロジー」analogy「類推」はもうすっかり日本語になって日常的に使われるようになりました。

　他方、digital の方は「指」を意味するラテン語の digitus が語源で、もともとは「10本の指で計算する」ことを指していました。たとえば観葉植物の「ジギタリス」digitalis は花冠の形が指に似ていることからついた名前です。

　digitize は「情報をデジタル化する」こと。日本語になってしまった「デジタル化」は、英語では digitization と言います。

●語源
analogos 〈ギリシャ語〉 類似物、類比
digitus 〈ラテン語〉 指

●単語
digital デジタル
analog アナログ
analogy アナロジー、類推
digitalis ジギタリス
digitize 情報をデジタル化する
digitization デジタル化

# 87 Singapore is a fine country.

1つの語源から、まったく意味の違った語が生まれることがあります。ラテン語の動詞 finir がその一例です。finir はもともと「限る、境界の中に囲い込む、終える」という意味ですが、そこから「楽曲の終止」を意味する fine が生まれました。イタリア映画の最後の字幕に出てくる fine がそれです。

ところで、シンガポールに行くと "Singapore is a fine country." と書いてある T シャツを売っています。町の清潔さを売り物にしているこの国では、道路につばを吐けば罰金、タバコを捨てればまた罰金と「罰金 fine」だらけの「美しい fine」国だというユーモアです。

もともとの「終わり」を意味する fine の方は、シェイクスピア*の All's well that ends well「終わりよければすべてよし」という戯曲に見られるとおりです。それがのちに「紛争を終結させる金」を指すようになり、これが「罰金」となりました。

他方、「美しい、みごとな」を意味する fine の方は、「最終的に鍛え上げられた美しさ」ということで、これはフランス語の finesse「洗練された質の良さ」にも見

186

られるとおりです。英語では「芸術」を意味する fine art にその痕跡を残しています。

* William Shakespeare（1564-1616）：イギリスのエリザベス朝演劇を代表する最も優れた英文学の劇作家、詩人。その膨大な著作は、近代英語の貴重な言語学的資料であると同時に、英語という言語の民衆への浸透・発展に大きく寄与した。人間観察と心理描写に優れ、代表作には四大悲劇『ハムレット』、『マクベス』、『オセロ』、『リア王』をはじめ、『ロミオとジュリエット』、『夏の夜の夢』、『ヴェニスの商人』、『ジュリアス・シーザー』などがある。また、『ソネット集』も詩編の最高傑作と評されている。

●語源
finir〈ラテン語〉 限る、境界の中に囲い込む、終える

●単語
fine　楽曲の終止、罰金、美しい、みごとな
fine art　芸術

Singapore is a fine country.　　187

## 88　モータリゼーション

「モータリゼーション」という言葉があります。「自動車化」の意味で、motorization と綴ります。しかし motor はもともと、ラテン語の動詞 movere「動かす」の過去分詞形の motus「運動」に由来する言葉で、原義は「動かす人、もの」でした。そこから「モーター」つまり「原動機」となったのですが、それが motor car の省略形となり、「自動車」を指すようになったと 1895 年の英語大辞典 NED[*] にあります。

　そこから motorway といえば自動車が高速で走れる「高速道路」、motor pool といえば、「官庁などで配車用に自動車を集める車庫」を意味するようになりました。

　しかし motor が自動車ばかりを意味するのでないことは、「電動芝刈り機」を motor mower と言い、「電動発電機」を motor generator、「電車や地下鉄の運転手」を motorman と呼ぶことからもわかります。

「運動神経」を motor nerve と呼ぶのも、原義がそのまま生きていると言えるでしょう。心理学で motor-minded といえば「運動感覚の鋭敏な」ことを意味し、ear-minded や eye-minded に対応する語となります。

＊英語大辞典 NED：The New English Dictionary のことで、Oxford English Dictionary（OED）の前身。ロンドンの文献学協会が、1857 年に、アングロサクソン時代からの英語を含め 4 分冊 10 年間で編纂を企画。しかし、実際は、最初の部分の完成に 30 年（1884 年）かかり、その後順次出版し、40 万語収録の全 10 冊の完結は、それから 40 年後の 1928 年のことであった。こうした大プロジェクトにより編纂された NED（現在の OED）は、英語の語彙と表現を最も網羅的に扱っている辞書として、後続の英語辞書の基盤となっている。

●語源
motus←movere〈ラテン語〉 動かす

●単語
motorization　自動車化
motor　原動機
motorway　高速道路
motor mower　電動芝刈り機
motor pool　官庁などで配車用に自動車を集める車庫
motor generator　電動発電機
motorman　電車や地下鉄の運転手
motor nerve　運動神経
motor-minded　運動感覚の鋭敏な
ear-minded　聴覚の鋭敏な
eye-minded　視覚の鋭敏な

モータリゼーション　189

# 89　ハーブ


「美容と健康のためにハーブ・ティを！」などという広告が氾濫しています。そもそも英語で herb と綴る「ハーブ」は、辞書には「薬草、香料植物、食用植物」とありますが、語源はラテン語の herba で、普通の「草」の意味です。

ですから herbarium は「植物標本」、herbal と形容詞にすれば「草に関する」あるいは「草から作られる」ということになります。

いささか物騒ですが、これにラテン語で「殺す」を意味する cide をつけて herbicide とすると「除草剤」。「食べる」を意味する vorous をつけて herbivorous とすると「草食性の（動物）」となります。

herbage は「牧草地」のことですが、英国では特に「牧草権、放牧権」の意味があるようです。「本草」という言葉は漢方で用いる薬草の意味ですが、herbalist などがこれに当たるでしょう。herborize といえば「植物採集をする」、「植物採集」なら herborization となります。

●語源
herba〈ラテン語〉 草
cide〈ラテン語〉 殺す
vorous〈ラテン語〉 食べる

●単語
herb　ハーブ、薬草、香料植物、食用植物
herbarium　植物標本
herbal　草に関する、草から作られる
herbicide　除草剤
herbivorous　草食性の（動物）
herbage　牧草地、牧草権、放牧権
herbalist　本草
herborize　植物採集をする
herborization　植物採集

ハーブ　191

# 90　ポスト

「ポスト」といえば街角にある郵便物を投函する赤い箱であることは子供でも知っています。しかし英語のpost は、もともと物ではなくて、人。16世紀には国王の手紙や小包を馬に乗って遠くへ運ぶ「飛脚」を意味していました。

それが飛脚の交代する地点を意味するようになり、さらに書簡や品物を運ぶ乗り物（馬、船など）を指すようになります。17世紀になると、さらに意味が変わって、手紙や小包を届ける組織、つまり今日の「郵便局」となりました。

post にはこれとは別に「地位、職」という意味もありますね。「いいポストについた」などと言うでしょう。

もう1つ、屋外に立つ「支柱」という意味もあります。意味はそれぞれ違いますが、語源にさかのぼればみな同じ。「立てる」を意味するラテン語 ponere の過去分詞形 positus が原語です。

position「位置」、poster「ポスター」、postage「郵便料金」とそれぞれ意味は違いますが、語源が同じというのは面白いですね。

●語源
positus←ponere 〈ラテン語〉 立てる

●単語
post　ポスト、郵便局、地位、職、支柱
position　位置
poster　ポスター
postage　郵便料金

# 91 キャリア

　英語ではまったく違う語なのに、たまたま発音が同じなためか、日本語になると区別がつかなくなることがあります。「キャリア」がそれです。原語は career と carrier。英語では前者は [kəríər]、後者は [kǽriər] と読みます。

　最近よく話題になるキャリア・ウーマンとか、公務員制度で改革の対象となっている「キャリア」は career の方で、もとをたどればラテン語で「車」を意味する carrus が語源です。ちなみにこの原義は英語の car に残っています。16 世紀になるとこれが「競馬のコース」となり、「全力疾走」へと意味が変わっていきます。入省しさえすれば出世間違いなしのお役人である「キャリア」の中にはこの原義が生きていますね。「ノンキャリ」がその反対の「各駅停車」であることはご存じのとおりです。

　もう 1 つの「キャリア」は carrier の日本読みで、文字通り「運搬人」を意味します。足に短い手紙をつけられて飛ぶ「伝書鳩」は carrier pigeon。こちらの方ももとを正せば同じラテン語の carrus から来た語です。

L（古典ラテン語）から ModE（近代英語）に入る語は、まず LL（俗ラテン語）を経由して OF（古代フランス語）や、MF（中世フランス語）に入り、そこから ME（中世英語）を経て ModE となることが多いので、同じ語でも経由の仕方により綴りに変化が発生します。「キャリア」はその良い例と言えるでしょう。

●語源
carrus 〈ラテン語〉 車

●単語
career　キャリア、経歴
carrier　キャリア、運搬人
carrier pigeon　伝書鳩

## 92　ボール

「ボール」は英語で書けば ball。ピンポンのボール、野球のボール、みな同じです。野球で投球がストライク・ゾーンに入らなければボールと判定されますが、これも同じ ball です。

これらの「ボール」の語源をたどると、もともとは古代ノルウェー語の böllr「球体」で、これが中世英語に入って bal となり、そこから近代英語の ball が生まれました。

もう1つ、「舞踏会」を意味する ball があります。綴り字は同じですが、こちらの方は別語源で、ギリシャ語の ballizein「踊る」が、まず後期ラテン語に入ってballare となり、そこから古代フランス語の baler を経て英語に入ったものです。ちなみに現代フランス語では「舞踏会」を bal と言います。

これらの2語とはまったく関係ないのですが、もう1つ日本語でボールと呼ぶものがあります。それは「ボール紙」のボールで、こちらの方は、製本屋さんが表紙用に四角く切った板紙の board をボールと訛ったことから生まれた日本製の言葉です。

196

●語源

bal〈中世英語〉←böllr〈ノルウェー語〉 球体

baler〈フランス語〉← ballare〈ラテン語〉←ballizein〈ギリシャ
　　語〉 踊る

●単語

bal〈フランス語〉 舞踏会

ball　ボール、舞踏会

board　板紙

## 93 メタボリック・シンドローム

　最近「メタボリック・シンドローム」という言葉をよく聞くようになりました。高血圧症や糖尿病のような生活習慣病も、もとを正せば肥満が原因であることがわかってきたことによるものでしょう。そこからメタボリック・シンドローム＝肥満と考えられがちですが、語源を考えると、そもそも metabolic は metabolism の形容詞形で「物質代謝、物質交代」のことですし、syndrome は「症候群」のことですから、いずれも「肥満」自体とは無縁な言葉です。

　metabolism の語源はギリシャ語の metabole。bole は「投げる」、meta- は「変化して」ですから、あわせて「変化」を意味しました。そこから医学用語で「物質代謝、物質交代」を指すようになりました。

　一方 syndrome の方も同じくギリシャ語の syndromé が語源で、syn-「一緒に」dromein「走る」という意味ですので、そこから「（さまざまな）症候群」と訳されるわけです。

## ●語源

bole 〈ギリシャ語〉 投げる
meta 〈ギリシャ語〉 変化して
metabole 〈ギリシャ語〉 変化
syn 〈ギリシャ語〉 一緒に
dromein 〈ギリシャ語〉 走る
syndromé 〈ギリシャ語〉 症候群

## ●単語

metabolism 物質代謝、物質交代
metabolic 物質代謝の、物質交代の
syndrome 症候群

## 94 モデレーター

テレビの討論番組などの司会者は「モデレーター」moderator と呼ばれます。moderate は、もともとラテン語の moderâre「減らす、縮減する」が変化した形で、「(量や質が)極端にならないように制御する」ことを意味していました。というわけで、「モデレーター」の役割は、白熱した議論の熱をさまして、ほどほどに調停することにあります。

よく楽譜で見かける moderato は「速からず遅からず、ほどよい速度で」という意味。moderate と意味の似た言葉に modest がありますが、こちらの方も「(大きさや金額が)あまり大きくない」という意味。いずれもラテン語の modus「程度、計量」が語源ですが、「ファッション」を意味する mode も同様です。日本語へは「モード」という形で入りました。

mode の意味は「様式、形態、流行」など広く、そのほか音楽の「長調」、「短調」も major mode, minor mode と表現されます。フランス語 à la mode は、日本語に入って「アラモード」となり「(服装などの)流行」を指す表現として使われています。

●語源
moderâre〈ラテン語〉 減らす、縮減する
modus〈ラテン語〉 程度、計量

●単語
moderate （量や質が）極端にならないように制御する
moderator モデレーター、司会者
moderato 速からず遅からず、ほどよい速度で
modest （大きさや金額が）あまり大きくない
mode モード、ファッション、様式、形態、流行
major mode 長調
minor mode 短調
à la mode アラモード、（服装などの）流行

# 95 ATM

ATM という看板が通りのあちこちで目立つようにな
りました。銀行の自動支払機のことで、automatic teller
machine の省略形です。語源を知らないでもお金はおろ
せますが、ここでちょっとその意味を考えてみましょう。

tell が「話す」を意味する動詞であることは中学 1 年
生でも知っています。しかし ATM の teller は、これと
は関係なさそうです。15 世紀の中世英語に遡ると「数
をかぞえる」という意味の tellen に出会います。『旧約
聖書』の『詩編*』に「エホバはもろもろの星の数を数
え」とありますが、英訳は He telleth the number of the
stars. と tell の古形が使われています。これが tell のも
う 1 つの意味で、The House was told by Mr. Chairman.
といえば、英国の議会で、議長が議員の数を数えたとい
う意味です。

数えるものがお金であれば銀行の「金銭出納係」で、
teller。「預金係」は deposit teller ないし saving teller、
「収納係」は paying teller ないし receiving teller と言い
ます。

＊『旧約聖書』の『詩編』：『旧約聖書』は、ユダヤ教および
キリスト教の正典である〔→ 64 ザ・憲法の註〕。『旧約聖
書』というのは、『新約聖書』を持つキリスト教の立場か
らの見方で、イエス・キリスト誕生以前の「神との契約」
に関わる「聖書」という位置づけであるが、ユダヤ教では
これが唯一の「聖書」であり、「旧約聖書」とは呼ばず
『ヘブライ語聖書』と呼ぶ。その中に含まれる『詩編』は、
150 編の神への感謝とその賛美の詩からなり、それぞれは
独立した祈禱文として用いられる。多くは古代イスラエル
王でエルサレムに都を築き民族の統一を成し遂げたダビデ
（在位：紀元前 1000-961 年頃）によると伝えられるが、統
一的見解ではない。

●語源
tellen 〈中世英語〉 数える

●単語
ATM ＝ automatic teller machine　自動支払機
tell　話す、数える
teller　金銭出納係
deposit teller/saving teller　預金係
paying teller/receiving teller　収納係

ＡＴＭ　203

# 96　サイクロン

「サイクロン」cyclone がミャンマーを襲って大きな被害を出しました。cyclone の語源はギリシャ語の kyklos で「輪」という意味。熱帯地方の海洋上に発生する低気圧の等圧線が円形であることから、こう呼ばれています。

　周波数の単位として用いられる「サイクル」cycle も同じ語源です。さらに丸いタイヤが２つの「自転車」は bicycle、３つ付いている「三輪車」は tricycle（bi- は「2」、tri- は「3」です）〔→ 2 足、4 舌、17 uni-、bi-、multi-〕。これも同じ仲間の言葉です。近頃よく耳にする「リサイクル」recycle は、「再生利用」、つまり廃物を使い回すことからこう呼ばれるのでしょう。

　これらの単語とはまったく無関係に見えるのが「百科事典」という意味の encyclopedia あるいはその省略形の cyclopedia です。これもギリシャ語で cyclo-paideia と分けられ、あえて訳せば cyclo-「円満な、過不足のない」paideia「子供の教育」が原義ですが、そこから「（あらゆる知識を万遍なく盛り込んだ）百科事典」を意味する言葉として使われるようになりました。一見まったく無関係に思われても、もとをたどれば同じという例

204

の1つと言えましょう。

●語源

kyklos 〈ギリシャ語〉 輪
bi 〈ラテン語〉 2
tri 〈ラテン語〉 3
cyclo 〈ギリシャ語〉 円満な、過不足のない
paideia 〈ギリシャ語〉 子供の教育

●単語

cyclone　サイクロン
cycle　サイクル（周波数）
bicycle　自転車
tricycle　三輪車
recycle　リサイクル、再生利用
encyclopedia/cyclopedia　百科事典

# 97 「キューポラのある街」

　埼玉県の川口市は「キューポラのある街」として有名です。同名の映画もありました。林立する「キューポラ」は、町全体を溶けた鉄の香りで覆うと言われていました。その「キューポラ」は英語で cupola と綴ります。「溶鉱炉」の意味ならば、これに「炉」furnace をつけて cupolafurnace というのが正式です。

　というのも cupola とはもともと丸屋根の上にそびえる「塔」を指す言葉で、「丸天井」もキューポラですし、軍艦やトーチカの「回転砲」もキューポラで、「溶鉱炉」とは無関係で、形を表すに過ぎないからです。

　cupola の語源はラテン語 cupa の縮小形 cupula です。これがイタリア語に入って「小樽」や「小さな丸天井」を意味する言葉として使われ、それを英語がイタリア語から借用したもののようで、借用の年まで 1549 年と特定されている珍しい例です。

　ところで意外なことに、「コップ」を意味する英語の cup の語源も、同じラテン語の cupa の俗ラテン語形 cuppa です。大きさこそ違え、たしかに形は関係していますね。

206

●語源
cupula 〈イタリア語←ラテン語〉 小樽、小さな丸天井← cupa 〈ラテ
　　　ン語〉
cuppa←cupa 〈ラテン語〉 桶、樽

●単語
cupola　キューポラ、丸屋根の上にそびえる塔、丸天井、回転砲
cup　コップ

「キューポラのある街」　207

## 98　シナジー

　新聞で、ある政治家が「協同」とか「共働作用」の意味で「シナジー」synergy という難しい英語を使ったと書いてあったのを見て驚きました。辞書によると、この言葉はもともと医学用語で、「(器官の) 共働作用」、「(薬品などの) 相乗作用」を意味する術語です。語源はギリシャ語の synergíâ からラテン語の synergia を経て synergy の形で英語に入ったもの。ギリシャ語 synergein という動詞からの派生語で、syn-「共に」ergon「働き」を組み合わせてできた言葉です。

　医学とは別ですが、同じ語源の神学用語に synergism という、これまた難しい術語があります。協力するのは人と神ということですが、「回心には神の恩恵だけでなく人間の意志の存在が必要だとする考え方」を示す言葉で、「共働説」とか「神人協力説」という訳語がつけられています。もし与野党の協力が 1 ＋ 1 ＝ 2 より大きくなることを念願して使ったのだとすれば、なかなか味のある言葉と言えるのではないでしょうか。

●語源

synergia〈ラテン語〉←synergíâ〈ギリシャ語〉←synergein〈ギリ
シャ語〉 共に働く
syn〈ギリシャ語〉 共に
ergon〈ギリシャ語〉 働き

●単語

synergy （器官の）共働作用、（薬品などの）相乗作用
synergism 共働説、神人協力説

# 99　ジーンズ

　若者に人気抜群の「ジーンズ」。物によっては10万円以上もするという高価なパンツに、これ見よがしに穴をあけている姿を見ていると、昔旧制高校生が、真新しい学帽をわざわざ破いて、そこから髪の毛がはみ出ているのを格好がいいとしていた時代を思い出します。

「ジーンズ」は、生地の青い blue jeans を省略したものですが、昔は je(a)ne fustian と呼ばれていました。je(a)ne は、もともとは生地とは無関係。中世フランス語の Gene Genoa に由来する地名で、この生地が"生産"されたイタリアのジェノアを指します。fustian とは「目の粗い生地」のことで、当初は「（エジプトのカイロ近郊の）Fostat から"輸出"された生地」を指していました。ところがこの fustian という単語がのちに落ちてしまい、jean ないし jeans といえば、丈夫な細綾織の綿布の意味となり、それがこの綿布でつくったパンツを指すようになったわけです。「ジー・パン」はもちろん和製英語です。

210

●語源
Gene Genoa〈中世フランス語〉 ジェノア

●単語
blue jeans　ジーンズ
fustian　目の粗い生地

# 100　O.K.

O.K. という略語。日本人なら子供でも知っているこの言葉の語源は意外なものです。1840 年と言いますから、今から 180 年近く前のアメリカでの話。民主党から大統領候補者として立候補した Martin Van Braun（1782-1862）の応援クラブが O.K. Club と呼ばれたのが始まりと言われています。O.K. は oll korrect の略で、正しくはもちろん all correct。このクラブは、ブラウン候補者のニックネーム Old Kinderhook にちなんで名前がつけられました。ちなみに 8 代目のアメリカ合衆国大統領となるブラウン候補者の故郷は、New York 州 Albany に近い Kinderhook でした。

近代になって最初の政治キャンペーンと言われたこの選挙戦で、ブラウン候補者は最初劣勢に立たされていましたが、語呂のいい O.K. が支援者の口から口へと伝えられ、やがて O.K. は「すべて良し」を意味するようになったということです。もっともこの語源説には、近年異論も出ているようで、議論はまだ続いています。

●単語
all correct すべて良し

# 101　テナント

　マンションなどの借り主を意味する「テナント」
tenant は日常使われる日本語になってしまいました。こ
の語は、「保持する」を意味するラテン語 tenere の現在
分詞形 tenant を、古代フランス語を経由して借用した
ものです。

　「（理論などが）批判に耐える」、「（陣地などが敵の攻撃
に）耐える」という意味の tenable や、「（性格が）粘り
強い」を意味する形容詞 tenacious、その名詞形 tenacity
も同語源です。

　意外なのはスポーツのテニス tennis がこれらの仲間
であることです。tennis は 14 世紀にイタリア経由で英
国に紹介されたゲームで、古代フランス語の tenir の命
令形 tenetz が近代英語に入って tennis と綴られるよう
になったもの。サーバーが相手にかけた声「（ラケット
を）握れ！」に由来すると考えられています。

　もっともおもしろいのは声楽の「テノール」tenor で、
これも語源をたどれば tenere に行き着きます。テノー
ルはメロディを「保持する声」だからです。

●語源
tenant←tenere〈ラテン語〉 保持する
tenetz←tenir〈古代フランス語〉 握る

●単語
tenant　テナント
tenacious　粘り強い
tenable　（理論などが）批判に耐える、（陣地などが敵の攻撃に）耐
　　　　える
tenacity　粘り強さ
tennis　テニス
tenor　テノール

# 102 国連安全保障理事会

　最近「国連安全保障理事会」の名がしばしばメディアに登場します。原語はSecurity Council。security「安全」はsecureの名詞形ですが、もとをたどるとラテン語のsē-cūraに行き着きます。sēは「〜から自由であること」、cūrāはcura「困難、災難」の「〜から」を表す奪格形。両方あわせて「危険から自由であること」すなわち「安全を保障すること」となります。

　security measuresは「保安対策」、security guardは「保安要員」。「保証するもの」という意味から、「担保（物）」「抵当（物）」なども意味するようになり、それからgovernment securities「国債」も生まれています。

　これらとは一見無関係に見えますが、さかのぼれば語源を共通にする英語にsureがあります。sureはラテン語cūrā「困難、災難」の形容詞形cūrsusに「〜から自由な」を意味するsēがついて、「確かな、安全な」を意味するようになりました。この語の名詞形suretyも、「保証（金）」、「担保、抵当（物件）」、「（連帯）保証人」などを指します。

●語源
sē-cūra〈ラテン語〉 危険から自由であること
sē〈ラテン語〉 …から自由な
cūrā〈ラテン語〉 困難、災難

●単語
Security Council　国連安全保障理事会
security　安全
secure　安全にする、守る
security measures　保安対策
security guard　保安要員
government securities　国債
sure　確かな、安全な
surety　保証（金）、担保、抵当（物件）、（連帯）保証人

# 103　インフルエンザ

「豚インフルエンザ」が世界的に流行しました。この用語は日本のメディアでは「新型インフルエンザ」と変わりました。事情は英語圏でも同じで、はじめは swine flu と呼ばれていましたが、流行域が拡大するにつれテレビの画面では global flu と書かれるようになりました。

いうまでもなく flu は influenza の短縮形です。influenza は、1743 年、ヨーロッパで流感が大流行したとき英語に採用されたイタリア語からの借用語です。ちなみに influenza は英語の influence と語源が同じで、いずれもラテン語 influentem（influens の「対格形」＝目的語として使われる時の形）に由来し、原義は「流れ」です。

influence は 14 世紀頃から使われ始めた占星術の用語で、天体から流れてくる霊液が人の運命に影響を与えるという考え方に基づくものでした。それが一般に影響を与えることを意味するようになりました。

influential person といえば、政治家など、強い影響力を持った有力な人を指します。アメリカでは、顔をきかせて第三者のために官庁などとの商談をまとめる人を

influence peddler と言うようですが、peddler がもともと「行商人」「大道商人」を意味することを考えると、面白い表現もあったものですね。

---

●語源
influentem〈ラテン語〉 流れ

●単語
flu ＝ influenza　流行性感冒
influence　影響
influential　影響力のある
peddler　行商人、大道商人

---

# 104 パンデミック

　新型インフルエンザの世界的大流行で、WHO<sup>*</sup>はフェーズ6の「パンデミック」を宣言しました。この言葉の綴りは pandemic。ギリシャ語からの借用で、pan- は「すべて」、demic は demos「人々」ということ。「疫病がすべての人々の間に広がること」を意味します。

　demos が人を指す例として democracy「民主主義」があります。ここで言う -cracy は、ギリシャ語では kratos と綴られ「支配」を意味します。

　pan のほうですが、これに「汎」の字があてられることがあります。pan-African「汎アフリカ」や航空会社名の「パンアメリカン」Pan-American がその一例です。

　pan といえば、日本でもなじみ深い言葉の「パノラマ」panorama もこれにあたります。panorama は pan- と horama からなります。horama は「光景」ということですから、合わせて「全景」あるいは「連続して移り変わる光景」を指します。

「パンテオン」pantheon もこれと関係する言葉です。pantheon は pan「すべての」、theon<theion「神々」ということ。the Pantheon といえば世界最大の石造ドーム

220

となったローマの「パンテオン」を指します。

\* WHO：世界保健機関（World Health Organization）の略
称。あらゆる人たちに最高レベルの保健衛生を確保するこ
とを目的に、1948 年に設立された国連機関。193 ヵ国が加
盟している。政府および専門家間で伝染病の撲滅、衛生係
官の訓練、各国保健システムの強化、災害への援助、研
究・調査を行なう。天然痘の根絶を成功させたほか、2003
年の SARS（重症急性呼吸器症候群）の世界的大流行の際
に陣頭指揮をとり、高い評価を得た。

●語源
pan〈ギリシャ語〉 すべて
demic←demos〈ギリシャ語〉 人々
cracy←kratos〈ギリシャ語〉 支配
horama〈ギリシャ語〉 光景
theon←theion〈ギリシャ語〉 神々

●単語
pandemic　疫病がすべての人々の間に広がること
democracy　民主主義
panorama　パノラマ
pantheon　パンテオン、すべての神々を祀る宮殿
the Pantheon　ローマのパンテオン

## 105　トリアージュ

　災害などで多数の負傷者が発生したとき、「現場で病人に優先順位をつけることで救える命を極大化すること」を「トリアージュ」triage と言います。フランス語 triage からの借用語です。triage は「(良いものだけを)選別する」を意味する古代フランス語の動詞 trier の名詞形です。

　trier は「(最良の人材を)選び出す」「(最高の)良書を選別する」ことで、名詞形としては「(石炭から鉱石を分離する)選鉱」や「(カットした紙を基本の束にまとめる時に汚れたり破れたりした部分を取り除く)屑紙切除」や「(鉄道の)車両編成」などの意味で使われていました。

　第1次世界大戦[*]の時には、triage とは「負傷兵を傷の重さによって3つのグループに分ける」という軍隊用語でした。その後、時代とともにその用法は拡張され、1974年までには飢饉のとき、限られた食糧資源を緊急度によって配分することも意味するようになっていましたが、新型インフルエンザの世界的規模での流行に伴い、限られた数の医療施設や医者や医薬品などをどう配分す

222

るかが課題となり、再び「トリアージュ」という言葉が
テレビや新聞紙上に登場するようになったわけです。

*第1次世界大戦：1914年7月から1918年11月まで、ヨ
ーロッパを中心に世界各地を巻き込んだ人類史上最初の世
界的規模の大戦争。1914年6月、サラエボでオーストリ
ア皇太子夫妻がセルビア人青年に暗殺された事件を導火線
に、三国同盟（ドイツ、オーストリア、イタリア）と三国
協商（イギリス、フランス、ロシア）の対立が激化、戦争
に発展した。1918年ドイツが降伏、翌年ヴェルサイユ講
和条約が成立するが、死者は軍人・民間人で計1800万人
に上った。

●語源
triage←trier〈フランス語〉 選別する

●単語
triage 現場で病人に優先順位をつけることで救える命を極大化する
こと

# 106 SOS

　CD、DVD、MD等々、巷にさまざまな略号が氾濫しています。そんな中、子供でも知っている略号にSOSがあります。いうまでもなく「助けてくれ！」という意味の救難信号です。これはいったい何の略号なのでしょうか。

　救難信号だからSave Our Shipではないか、いやちがうSave Our Soulsだろう、などというういがった見方があります。しかし真相はまったく別のところにあります。

　ITの発達によって、最近ではなじみが薄くなりましたが、20世紀のはじめ、無線電信が導入され、長音（ツー）と、短音（ト）を組み合わせてそれぞれの言語を表現するモールス記号が定められました。日本語ですと「い」は「トツー」、「は」は「ツートトト」となります。その時、万国共通の救難信号として、意味とは無関係に、耳で緊急信号として聞きやすい「トトト・ツーツーツー・トトト」とすることに決まりました。1906年のことです。たまたま「トトト」はS、「ツーツーツー」がOだったことからSOSという略号が生まれたというわけです。

224

●単語
SOS　救難信号「助けてくれ！」

# 107　春

「泉」、「ばね（スプリング）」、「春」。一見無関係に見えるこの3つの意味を持つ単語に spring があります。spring は、古代英語の時代には「急に動く、飛び跳ねる」を意味する動詞でした。

一方 spring は、名詞として「（川の）源泉」を意味していました。それが12世紀になると「地面から湧き出てくる水の流れ」を指すようになり、さらに15世紀の半ばには、「飛び跳ねること、ジャンプすること」へと意味が広がっていきます。

さらに16世紀になると、冬が過ぎて草花が萌え出る季節ということから「春」を意味するようになったのです。日本でも「春夏秋冬」と言って、春は1年の最初の季節とされていますが、発想法は同じです。

事情は他のヨーロッパ諸語でも同様で、フランス語では printemps と言いますが、これはラテン語の primum temps つまり「最初の季節」に由来します。語源こそは違え、ドイツ語でも考え方は同じで「春」は fruhling、つまり「早い季節」と言います。この辺のところに、多言語比較の面白さがありますね。

●語源
spring 〈古代英語〉 急に動く、飛び跳ねる、（川の）源泉

●単語
spring 泉、ばね（スプリング）、春

春　227

# 108　レトルト（列篤爾多）食品

　日本人の食生活も大分変わり、特に１人暮らしの人は
自分で料理せず、もっぱらレトルト食品に頼ることが多
くなりました。「レトルト」retort という言葉はもとも
とオランダ語の retort で、化学の実験で使うガラス製の
長い曲がった首のついた「蒸留器」を意味していました。
日本では既に江戸時代から知られていて、「列篤爾多」
という難しい漢字があてられていました。それがもとで、
のちには「レトルト内で加熱処理した食品」を意味する
ようになったというわけです。

　オランダ語 retort の語源は「曲がる」を意味するラテ
ン語の動詞 retorquere の過去分詞形 retorta に求められ
ます。この「曲がる」という原義から、英語 retort では
動詞に用いて「言い返す」「（侮辱した相手に）やり返
す」という意味になります。

　これを名詞として用いると「辛辣な言い返し」「逆
襲」「反駁」「口答え」を意味するようになることは想像
できるでしょう。

　もとはと言えば、ガラス製の蒸留器の長く曲がった首
からの類推で、このように意味が広がっていくのを見る

のは楽しいものです。

●語源
retort 〈オランダ語〉 蒸留器
retorta←retorquere 〈ラテン語〉 曲がる

●単語
retort　レトルト内で加熱処理した食品、言い返す、（侮辱した相手
　　　　に）やり返す、逆襲、反駁、口答え

# 109 同音異義語「スケール」の由来

　同音異義という厄介な単語があります。発音が同じですが、意味が全く違う言葉です。日本語にもなっている「スケール」scale はその一例です。

「規模」「等級」、「縮尺」を指す scale はそれなりに意味がつながるので理解しやすいでしょう。語源は「梯子」、「階段」を意味するラテン語 scala の複数形 scalae からの借用です。地図の「縮尺」がそうですし、「ハ長調」などという「音階」もこれにあたります。

　しかし魚の「うろこ」を指す scale となると意味はまったく関係ありません。これは同じく「うろこ」を意味する古代フランス語の escale からの借用で、さらにさかのぼれば古代高地ドイツ語の scala にも関係してきます。

　もう1つ「天秤」、「はかり」を意味する scale がありますが、これの方は、ラテン語とは関係がなく、スウェーデン語、デンマーク語などのスカンジナビア諸語の skål、中世オランダ語の scāle、オランダ語の schaal、古代高地ドイツ語の skāla、近代ドイツ語の schale など、いずれも原ゲルマン語の skǽlō に由来し、「深めの皿」

230

を指す言葉。

このようにもともとまったく違った言葉だったものが、現代英語では同じ綴り字になるのだから迷いますね。

＊原ゲルマン語：ヨーロッパの言語の多くはその大本の言語（印欧祖語）から分派したと考えられ、その中で、英語、ドイツ語、ノルウェー語、デンマーク語、スウェーデン語、オランダ語などを含む語派をゲルマン語派と言う。原ゲルマン語とは、こうした言語に分かれる前の共通の源と想定されるゲルマン語派の祖先となる言語を指す。

●語源

scalae←scala〈ラテン語〉梯子、階段
skælō〈原ゲルマン語〉深めの皿
escale〈古代フランス語〉うろこ←scala〈古代ドイツ語〉うろこ

●単語

scale　規模、等級、縮尺
scale　うろこ
scale　天秤、はかり

同音異義語「スケール」の由来　　231

# 110 "サクラ"は3モーラ

日本の音楽配信サービスサイトに「モーラ」mora があります。この名前は「音楽を網羅する」の語呂合わせだそうで、そうだとすれば英語ではありません。

ところで英語には mora という言葉があります。こちらの mora は、もともとラテン語の詩作法上に用いられていた概念で、等時間のリズムを捉える単位です。語源は「延期する、遅らせる」を意味する動詞の morārī。言語学の術語としては、音韻論上単一のリズムをなす音節（音韻論的音節）を指します。1モーラは、普通、子音音素と母音音素の組み合わせで、日本語を例にとれば、"は" は h + a ですから、1モーラ。"サクラ" は sa + ku + ra ですから3モーラとなります。

最近ある大臣の発言がもとで「モラトリアム」という言葉をよく耳にするようになりました。これは法律用語で、moratorium と綴り、「支払い猶予期間」を意味します。これもまた同様にラテン語の morārī に由来します。形容詞は moratory で「支払い猶予の」となります。

●語源
morārī〈ラテン語〉 延期する、遅らせる

●単語
mora　モーラ＝単一のリズムをなす音節（音韻論的音節）
moratorium　支払い猶予期間
moratory　支払い猶予の

# 111 メンテナンス

「メンテナンス」という英語は、すっかり日本語に根付きました。綴りはmaintenanceですが、もとをたどれば古代フランス語の maintenir に行き着きます。さらにさかのぼればラテン語の manus と tenēre の組み合わせで、「手」で「支える」というのが原義でした。

manus から出た英語は、ほかにもいろいろあります〔→1「手」がかりはラテン語〕。「マニュアル」manual もその1つです。manufacture「マニュファクチャー」は、manu-「手」で facture「作る」こと。manuscript「手写本」は manu-「手」で「書かれたもの」script を意味します。

意外なのは、今では「(家畜の糞などから作る) こやし」を意味するようになった manure も、もとは「手」に関係していたということです。manure の原義は「手で仕事をする」ことでした。それが「(家畜の) 糞」のeuphemism つまり「婉曲な言い回し」として使われるようになったというわけです。

もう1つ、これと関係している言葉に manipulate があります。本来は「(機械や道具を) 巧みに扱う」とい

う意味ですが、「(株価や帳簿の数字を) ごまかす、改ざ
んする」ことを指すようになりました。

●語源
manus〈ラテン語〉 手
tenēre〈ラテン語〉 支える
facture〈ラテン語〉 作る
script〈ラテン語〉 書かれたもの

●単語
maintenance 維持、保存
manuscript 手写本
manufacture 工場制手工業、マニュファクチャー
manure こやし
euphemism 婉曲な言い回し
manipulate (機械や道具を) 巧みに扱う、(株価や帳簿の数字を)
ごまかす、改ざんする

# 112 テスト

「テスト」という英語は、小学生でも知っています。た
だこの言葉が「試験」の意味で使われるようになったの
は、かなり後のことで、1395 年に書かれたチョーサー*
の『カンタベリー物語』ではまだ「貴金属を検査する小
さな容器」を意味していました。チョーサーはこれを古
代フランス語の test から借用したのです。test の語源は
ラテン語で、土製の容器を意味する tēstū に由来します。
tēstū とは、もともと「煉瓦」を意味する tēsta から来た
言葉です。

シェイクスピアの『尺には尺を』*Measure for Measure*
では、test は「（金銀を）精錬すること」という名詞と
して使われていました。test case「テストケース」、test
driver「テストドライバー」、test tube「試験管」いずれ
も名詞です。

それが動詞として「（本物かどうかを）試す」意味で
使われるようになったのは、イギリスの小説家サミュエ
ル・リチャードソンが 1748 年に書いた『クラリッサ』
*Clarissa, the History of a Young Lady* という長編小説に使
われたのが初めと言われています。

236

＊チョーサー〔→ 63「父」なるものの註、72 ダイエット〕

＊＊シェイクスピア〔→ 87 Singapore is a fine country. の註〕

＊＊＊ Samuel Richardson（1689-1761）：イギリスの作家で、「小説」というジャンルの「父」とされる。家は貧しく 10 代で印刷工見習い。その後独立して印刷所を経営し生涯で 500 以上の書物、雑誌、議会日誌などを発行し、当時のイギリスの代表的な印刷業者となる。51 歳で処女小説『パメラ』を発表、たちまち人気作家となる。『クラリッサ』はフランス語やドイツ語にも翻訳されるが、赤裸々な男女の恋愛関係を扱っていることから、カトリック教会からは読書禁止作家にリストされた。

---

●語源
test〈古代フランス語〉←tēstū〈ラテン語〉土製の容器←tēsta〈ラテン語〉煉瓦

●単語
test　試験、試す
test case　テストケース
test driver　テストドライバー
test tube　試験管

---

テスト　237

# 113　プール

　夏になると子供たちが水泳や水遊びに行くのが「プール」pool です。プールという英語は、もともと「水たまり」を意味し、ドイツ語では pfuhl となります。ですから泳ぐためのプールは、正確には swimming pool と言うべきでしょう。

　日本語では「（資金などを）共同で蓄える」あるいは「ためる」ことも、「プールする」と言います。いずれも「ためる、たまる」ことと関係があるので、語源もたぶん同じではないかと考えがちですが、実は違うのです。

　後の方の「プール」pool は、綴りは同じですが、語源は「ひよこ、ひな鳥」を意味するラテン語の pullus から、フランス語の poule「めんどり」を経て英語に入った言葉で、後に「（競馬やトランプなどの）積立賭け金」〈勝った者が取る〉賭け金）を意味するようになりました。

「（数人で色の違った玉を持って遊ぶ一種の）賭け玉突き」も pool と言います。いずれも「相互利益のために行なう」点で共通しています。そこから「（共同利用のためのタイピストなどの）要員」などを意味するように

なりました。laborpool といえば「予備労働力」という
ことです。

---

●語源
poule〈フランス語〉めんどり←pullus〈ラテン語〉ひよこ、ひな鳥

●単語
pool　水たまり、(資金などを) 共同で蓄える、ためる
pool　積立賭け金、賭け玉突き、(共同利用のためのタイピストなど
　　　の) 要員
laborpool　予備労働力

# 英語の歴史 —— ハイブリッドから世界共通語へ

長谷川信子

現在使われている言語は、全く単独で生まれてきたわけではありません。その言語が使われてきた国や地域、人々の社会や歴史に遡り、様々な言語と接触を持ちながら今の形になっています。このことは日本語でも、中国語からの漢語表現や英語などヨーロッパ言語からの外来語など、いわゆる「借用語」の存在が日本語の語彙の重要な部分を形成していることからも容易に想像がつくでしょう。

英語についても同様です。英語は、比較歴史言語学の分野では、ヨーロッパと西アジアの多くの言語が属すると考えられている「印欧言語（Indo-European languages）」の1つです。印欧言語の大本（祖語）は、有史前のはるか昔（それは今から1万年前の最後の氷河期が終わり地球の気候が温暖になった紀元前6000年から4500年頃と考えられていますが）には、黒海の北、ドニエプル川下流域（現在のウクライナあたり）にいた民族によって使用され

ていたとの説が有力で、それが、民族の移動や侵略、交流などにより、右図の ── が示すように異なる語派を形成しながら分岐していったと考えられています。

英語は、印欧語族のうち、ゲルマン語派（英語、ドイツ語、ノルウェー語、デンマーク語、スウェーデン語、オランダ語などを含む）に属しますが、ケルト語派（ウェールズ語、ゲール語などを含む）とラテン語派（ラテン語、フランス語、イタリア語、スペイン語など）からの影響を受けて成立した言語です。特に、現代英語では、ラテン語と（古）フランス語に起源を持つ語彙の占める割合が6割にも及ぶと言われていて、それらは、以下でより詳しく述べますが、学問や社会・政治などと関わる語が中心なのです。そして、本書の語彙の多くもそれらに属するものです。


**イギリス、侵略の歴史：古英語から中世英語へ**

英語の祖先はゲルマン語派に遡ります。では、なぜラテン語派からの語彙が半数以上を占めるのでしょう？それを知るには、英語の故郷であるイギリス（特に、大ブリテン島の England 地域）の歴史を振り返る必要があります。

英語は3つの語派と関わると述べましたが、それはイ

242

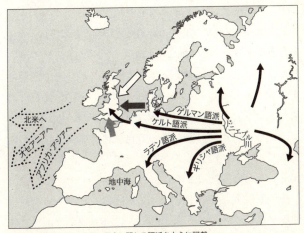

註：印欧祖語のうち、英語の歴史に関わる語派を中心に記載。
出典：印欧祖語からの分派については *The Story of English* をもとに作成。

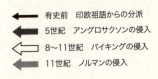

ングランド地域の歴史と重なります。ヨーロッパからイギリスへ流入してきた最初の民族はケルト語派の人たち（ブリトン人）で、紀元前5世紀には古ケルト語が使われていました。その後も大陸からはゲルマン系の民族やローマ帝国による侵入・統治があり（ローマ帝国のジュリアス・シーザーも紀元前50年頃にイギリスまで遠征してい

英語の歴史　243

ます。その時は失敗に終わりましたが、シーザーの後のクラウディウス大帝はイギリスの統治に成功し、その後長くローマ帝国がイギリスを支配しました）、それに伴いゲルマン語やラテン語系の語彙も入ってきましたが、その影響はまだ限られたものでした。イギリスという国および「英語」という言葉の成立に大きな意味を持つのは、ローマ帝国からの統治が外れた後の5世紀に、ゲルマン人が大量にイギリスに侵入してきたことで、それが英語の「始まり」と言えるでしょう。

その時侵入してきたゲルマン民族は、イギリスの対岸地域（現在のデンマーク、オランダ、ドイツ北岸部）に住んでいたアングル（Angles）、サクソン（Saxons）、ジュート（Jutes）といった部族で、England、English という語は、それぞれ、その中心だった Angles の土地（Angle-land）、Angles の人々・言葉（Angle-ish）に由来します。

この後のイギリス、そして「英語」は、1000年以上にわたり、継続的に大陸からの影響を受け続け、現在の英語にかなり近い形（近代英語）が16世紀に成立しました。そして、17世紀に入ると、今度は、イギリスから北アメリカへ、そして現在の「現代英語（Modern English）」は、全世界へとその影響力を広げていくので

す。

　英語はアングロサクソン部族などの侵入によりイギリスで発祥したのですが、それでは、その前にいたケルト人（ブリトン人）はどうなったのでしょう？　侵略されたのですから当然戦ったに違いありませんが、結局はイングランド地域から追いやられ、アイルランドや海峡を越えて対岸の（現在のフランス北西部の）ブルターニュ地方へ移動し、大ブリテン島に残った人々も、島の北部のスコットランド、西部のウェールズ、コーンウォル地方へ逃げていくことになりました。言語的には、地名などでケルト語由来のものは残っていますが、政治、社会や宗教などの支配関係が言語の勢力と比例するのが常ですので、ケルト語は英語に大きな影響を与えることはなかったのです。

　この英語とケルト語の関係は、日本における日本語（大和民族の言葉）とアイヌ語の関係に似ていると言えるかもしれません。アイヌ民族は日本の先住民族として本州の東北部から北海道、樺太などに居住していたわけですが、大和民族に北へと追いやられ、アイヌの言葉の日本語（大和言葉）への影響は北海道の地名などに限られています。ただ、アイヌ語は、その母語話者がほぼ絶えつつあるのに対し、ケルト語は、現在はウェールズ語、

英語の歴史　　245

アイルランド語、スコットランド語（ゲール語）などとして、母語話者も含め多くの使用者のいる言語です。

　さて、ケルト人を追いやったイギリスの祖先であるゲルマン人（アングロサクソン人）ですが、8世紀から11世紀にかけ、同じゲルマン系ですが北欧のバイキングによる侵略・侵入を受けます。イギリスに侵攻し定住したバイキングの使用していた言語が北ゲルマン系の古ノルド語（現在の、ノルウェー語やスウェーデン語の祖語）で、現代英語にも、その頃に流入したノルド語起源の語彙があります。その割合は英語の語彙の2％足らずと数は少ないものの、生活に密着した語彙が多く両民族の交流の深さが感じられます。古ノルド語起源の語彙は本書でも出てきます。

　しかし、ケルト語やノルド語とは比べものにならないほど大きな影響を英語に与えたのは、ラテン語派です。特に、イギリス史上最大の出来事と言えるのが11世紀（1066年）の「ノルマン人によるイギリスの征服」で、主権を奪われたイギリスでは、政治、法律、宗教、文化、食生活などあらゆる分野で征服者の言語である古フランス語が用いられることになり、特に、庶民の日常生活から少し離れた分野に大量のフランス語系（ラテン語系）の語彙が英語に入ってきました。イギリスはノルマンの

246

征服後3世紀にわたり英語を話せない国王に支配されることになったのですが、民衆は継続して英語を使用し、イギリスから英語が駆逐されることはありませんでした。多くのフランス語系（ラテン語系）の語彙が流入しても、英語の文法そのものがフランス語に取って代わられることはなかったのです。それどころか、徐々に英語は勢力を盛り返し、14世紀には英語が政治や教育で用いられる程に復権し公文書も英語で書かれました。文化面でもチョーサー（1343頃 – 1400）がフランス語ではなく英語で詩を書いたことも英語の歴史には幸運でした。英語は完全に復活したのです。

**独自の発展：近代英語から現代英語、世界共通語へ**

復活した英語は、15世紀の印刷技術の発明の恩恵を受け、手書き（写本）から活字の時代に入り、広く定着・発展することになります。1500年から1700年の近代英語と呼ばれる時期には、偉大な劇作家シェイクスピア（1564 – 1616）が次々と作品を発表し、また、国家的大事業として、キリスト教の聖書（ラテン語）が英語に翻訳・出版され、英語が社会の中に深く浸透しました。この頃のヨーロッパはルネサンス期にあたりますが、イタリアを中心にした古典への復興の気運はイギリスにも

英語の歴史　　247

及び、芸術、医学、学問など専門的な語彙を中心に、英語に再び多くのラテン語が流入しました。また、ギリシャ語からの借用語も無視できません。シェイクスピア演劇の隆盛もルネサンスによる古代ローマやギリシャ悲劇の復活と無関係ではないのです。

そして、この時期、ヨーロッパ社会は、羅針盤の改良、航海技術の発達により、大航海時代を迎えます。イギリスは、エリザベス1世の時代に代表される植民活動を展開し、アメリカへの入植も開始しました（1607年）。英語は、文化的に独自性を高めると共に、ラテン語などを加えて表現力を増し、印刷・出版により、書き言葉としても定着し、北米へと海を越え、更には、アジア、アフリカ、オセアニアへと広く世界に拡散していったのです。

しかし、今日の国際共通語としての英語の地位は、イギリス（大英帝国）の植民政策によるだけでなく、第2次世界大戦後のアメリカ合衆国の隆盛とその政治的、経済的影響力という拍車を受け達成されたと言えるでしょう。そして、その地位はインターネット網での最も使用頻度の高い言語媒体として、益々確固たるものになっています。

英語ほど、その時々の国や人々の歴史、社会の動向と連動して発展してきた言葉はないかもしれません。本書

で紹介されている語彙の起源をたどることは、英語を通して世界の流れを垣間見ることにもなるのです。

（神田外語大学大学院教授）


[参考資料]

児馬修（1996）『ファンダメンタル英語史』ひつじ書房.

Manikoba, Donka and Robert Stockwell (2009) *English Words, History and Structure*. 2nd ed. Cambridge University Press, London.

McCrum, Robert, William Cran, and Robert MacNeil (2002) *The Story of English*. 3rd. ed. Penguin Books, London.

# 文庫版あとがき

永　井　　浩

　本書は、神田外語大学の石井米雄元学長（名誉教授）が大学のホームページに連載されたエッセイ『語源の楽しみ』をひとつにまとめたものである。連載は学長時代の 2002 年 4 月から始まり、退任後も 8 年間にわたり書き継がれ好評を博したが、先生の急逝により 10 年 2 月の第 118 回が最終回となった。

　連載の終了を惜しむ神田外語大学の同僚たちが、「学生だけでなく、英語を学ぶできるだけ多くの人びとにこの素敵なエッセイを読んでほしい」と願い、出版化の作業にとりかかった。長谷川信子（理論言語学・英語学）、木川行央（方言学・日本語学）の両大学院教授、飯島明子准教授（生物学・環境科学）と永井（国際関係論・東南アジア論）が、原文にはない各回の見出しや註などの作成を分担し、さらに長谷川が語源の背景を解説した「英語の歴史」を執筆した。原文の一部重複箇所を整理したため、本書は 113 回となった。

　いまやグローバル言語となった英語の運用能力をいか

に高めるかの願いに応えようとする本は、書店にあふれている。本書もその一冊だが、類書とやや異なるユニークな点のひとつは、筆者が9か国語を自在に操る語学の達人だったとはいえ、英語の研究者でも教育者でもないことにあるかもしれない。

　石井先生の専攻は、東南アジアの歴史とタイを中心とした上座仏教の研究であり、この分野の国際的な権威である。また日本における東南アジア研究のパイオニアとして、1965年に誕生した京都大学東南アジア研究センターを世界に例をみない文理協働のユニークな地域研究の機関へと育てあげるとともに、多くの後進研究者を指導された。神田外語大学の学長に就任後は、それまでの研究と思索をふまえて、21世紀の新しい大学像を模索しさまざまな取り組みをされた。

　そのような先生の学問的業績からすると、本書は専門外に見えるかもしれないが、けっしてそうではない。タイ研究についての自伝『道は、ひらける』（めこん）のなかで、「おまえのディシプリンはなんだ、と聞かれるのが一番つらいが、一見支離滅裂に見えても、主観的には一分の隙間もない」と述べている。それによると、先生の東南アジア研究は、言語学徒としてのラテン語やロマンス諸語の勉強からスタートしてタイ語の習得とタイ

文庫版あとがき　251

研究に進み、宗教学、宗教社会学、法制史、政治社会学、歴史学などの諸学を遍歴、さらに自然科学者との議論をつうじて大輪の花を咲かせたものだった。

本書はこのような研究の原点をしめすものといえ、随所にその基本姿勢がうかがえる。私なりの理解では、幅広い関心としなやかな探求精神、それと連載6回目の「何を「愛する」か？」にある「智」を愛してやまない情熱であろう。また、偉大な学者でありながら尊大さとは無縁であり、自分の学問的成果をひとりで独占することはなかった。在日タイ大使館の高官の言葉を借りれば、石井先生は、タイ人がもっとも尊敬する「人に分け与えることを惜しまない」人だった。この連載でも、言語学の研究を英語の学習にむすびつけ、若い学生たちに語りかけるような文章でわかりやすく英語の力を高めるためのコツを伝授しようとつとめ、筆者自身もそれを楽しんでいる。

だが先生は自らの体験もふまえて、国際共通語としての英語の重要性を認めながら、それだけで世界が理解できるなどとは考えていなかった。新時代の外国語大学の理想像としてめざしたのが、英語と地域言語（タイ語、インドネシア語、ベトナム語などの東南アジア諸語、中国語、韓国語、スペイン語、ポルトガル・ブラジル語）の2言語

習得＋リベラルアーツの充実だった。

　先生から私は、こんな体験談を聞いたことがある。

　英語の堪能なインドネシアのある国際的女優と対談していたとき、彼女は「これから先はインドネシア語で話させてください」と言った。自国独自の文化について正しく理解してもらうには、英語ではなく彼女の母語でないときちんと説明できないというのだ。

　日本の英語学習者がこの小さな本をつうじて、外国語のテクニカルな力をつけるだけではなく、それぞれの言語と結びついた独自の文化や歴史をしる楽しさも味わっていただけるなら、筆者はさぞ本望であろう。

（神田外語大学名誉教授）

本文デザイン　國枝達也
地図作成　小林美和子

本書は、2011年12月にめこんより刊行された
『語源の楽しみ』を改題し文庫化したものです。

# 英語の語源
## 石井米雄

平成30年 8月25日 初版発行

発行者●郡司 聡

発行●株式会社KADOKAWA
〒102-8177　東京都千代田区富士見2-13-3
電話 0570-002-301（ナビダイヤル）

角川文庫 21130

印刷所●株式会社暁印刷　製本所●株式会社ビルディング・ブックセンター

表紙画●和田三造

○本書の無断複製（コピー、スキャン、デジタル化等）並びに無断複製物の譲渡および配信は、著作権法上での例外を除き禁じられています。また、本書を代行業者などの第三者に依頼して複製する行為は、たとえ個人や家庭内での利用であっても一切認められておりません。
○定価はカバーに表示してあります。
○KADOKAWA カスタマーサポート
［電話］0570-002-301（土日祝日を除く 11時～17時）
［WEB］https://www.kadokawa.co.jp/（「お問い合わせ」へお進みください）
※製造不良品につきましては上記窓口にて承ります。
※記述・収録内容を超えるご質問にはお答えできない場合があります。
※サポートは日本国内に限らせていただきます。

©Tadashi Ishii 2011, 2018　Printed in Japan
ISBN978-4-04-400427-9　C0182

## 角川文庫発刊に際して

### 角川源義

　第二次世界大戦の敗北は、軍事力の敗北であった以上に、私たちの若い文化力の敗退であった。私たちの文化が戦争に対して如何に無力であり、単なるあだ花に過ぎなかったかを、私たちは身を以て体験し痛感した。西洋近代文化の摂取にとって、明治以後八十年の歳月は決して短かすぎたとは言えない。にもかかわらず、近代文化の伝統を確立し、自由な批判と柔軟な良識に富む文化層として自らを形成することに私たちは失敗して来た。そしてこれは、各層への文化の普及滲透を任務とする出版人の責任でもあった。

　一九四五年以来、私たちは再び振出しに戻り、第一歩から踏み出すことを余儀なくされた。これは大きな不幸ではあるが、反面、これまでの混沌・未熟・歪曲の中にあった我が国の文化に秩序と確たる基礎を齎らすために絶好の機会でもある。角川書店は、このような祖国の文化的危機にあたり、微力をも顧みず再建の礎石たるべき抱負と決意とをもって出発したが、ここに創立以来の念願を果すべく角川文庫を発刊する。これまで刊行されたあらゆる全集叢書文庫類の長所と短所とを検討し、古今東西の不朽の典籍を、良心的編集のもとに、廉価に、そして書架にふさわしい美本として、多くのひとびとに提供しようとする。しかし私たちは徒らに百科全書的な知識のジレッタントを作ることを目的とせず、あくまで祖国の文化に秩序と再建への道を示し、学芸と教養との殿堂として大成せんことを期したい。多くの読書子の愛情ある忠言と支持とによって、この希望と抱負とを完遂せしめられんことを願う。

　一九四九年五月三日